李满亮 著

系统功能语言学视角下
英汉名词词组对比研究

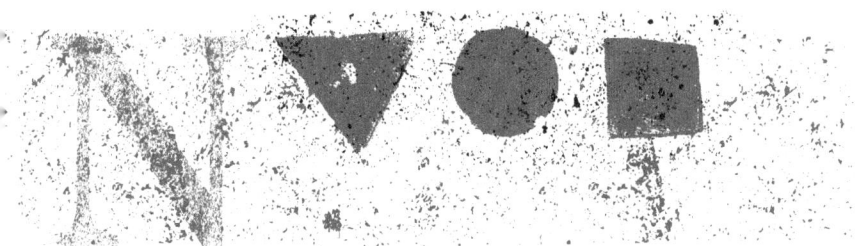

A Contrastive Study of the English and
Chinese Nominal Group:
A Systemic Functional Linguistics Approach

外语教学与研究出版社
FOREIGN LANGUAGE TEACHING AND RESEARCH PRESS
北京 BEIJING

图书在版编目 (CIP) 数据

系统功能语言学视角下英汉名词词组对比研究 ／ 李满亮著. —— 北京 ：外语教学与研究出版社，2023.5（2024.6 重印）
ISBN 978-7-5213-4469-1

Ⅰ. ①系… Ⅱ. ①李… Ⅲ. ①英语－名词－对比研究－汉语 Ⅳ. ①H314.2②H146.2

中国国家版本馆 CIP 数据核字 (2023) 第 080082 号

出 版 人　王　芳
责任编辑　李婉婧
责任校对　闫　璟
封面设计　水长流文化
出版发行　外语教学与研究出版社
社　　址　北京市西三环北路 19 号（100089）
网　　址　https://www.fltrp.com
印　　刷　北京天泽润科贸有限公司
开　　本　650×980　1/16
印　　张　14
版　　次　2023 年 5 月第 1 版 2024 年 6 月第 3 次印刷
书　　号　ISBN 978-7-5213-4469-1
定　　价　56.90 元

如有图书采购需求，图书内容或印刷装订等问题，侵权、盗版书籍等线索，请拨打以下电话或关注官方服务号：
客服电话：400 898 7008
官方服务号：微信搜索并关注公众号"外研社官方服务号"
外研社购书网址：https://fltrp.tmall.com

物料号：344690001

记载人类文明
沟通世界文化
www.fltrp.com

序

　　我认识李满亮已经有 20 多年，他是我培养的第 29 名博士生。他在 2010 年获得中山大学授予的英语语言文学博士学位，之前在 2005 年获得中山大学授予的英语语言文学硕士学位，都是我作为指导老师。记得 2013 年，李满亮博士在内蒙古大学出版社出版了《英语名词词组之系统功能语言学研究》一书，该书应用系统功能语言学的理论对英语名词词组进行了描述和解释，讨论了英语名词词组的不同类型、介词短语充当后置修饰语的英语名词词组的功能结构、英语名词词组和语法隐喻的关系等重要问题。10 年后的 2023 年，满亮教授告诉我，他基于国家社科基金项目"系统功能语言学视角下英汉名词词组对比研究"的主要研究成果之一就要出版了。这本新著与 2013 年的著作既有相同之处，也有不同之处。相同之处一是理论支撑，都是应用系统功能语言学的理论对名词词组进行研究，不同之处是新著是英汉名词词组对比研究。

　　作为普通语言学的系统功能语言学，它的终极目标是对全人类语言的功能和意义进行描述和解释，建立功能意义学理论。近二十年来，越来越多的系统功能语言学研究者在系统功能类型学领域进行研究；要建构普通语言学理论，就必须对各种语言进行个别的研究和比较的研究，并从类型学角度对不同的语言进行归类，这样才能为普通语言学理论的建构提供基础和佐证。从这一点看，语言的对比研究是建构普通语言学的基础。

　　熟悉系统功能语言学的人都知道，在系统功能语言学研究领域有几个模式，其中一个是 Robin P. Fawcett 等人所建构的"加的夫模式"（the Cardiff Model），也称"加的夫语法"（the Cardiff Grammar）。细心阅读李满亮这本《系统功能语言学视角下英汉名词词组对比研究》的读者，会发现里面有很多概念和分析都是直接与加的夫语法有关的。加的夫语法是一种系统功能语言学的词汇语法；提出和发展加的夫语法，目的之一就是建构一个系统功能语言学的句法理论。正如很多人所说的那样，加的夫语法在句法分析方面是对基于 M. A. K. Halliday 的《功能语法导论》的"悉尼语法"（the Sydney Grammar）的拓展，这点在对名词词组的分析中表现得非常清楚。

满亮博士毕业十几年来，在内蒙古大学为系统功能语言学在当地的介绍和研究做了很多很有意义的工作。记得 2012 年 6 月 15 日至 18 日，由中国功能语言学研究会主办的第 13 届全国语篇分析研讨会在内蒙古大学召开，来自全国的 150 多名代表来呼和浩特参加了会议；这是中国功能语言学研究者第一次在内蒙古地区进行大型的学术交流，也是内蒙古大学外国语学院成立 40 多年以来召开的第一次全国性语言学会议。据了解，在内蒙古大学外国语言文学硕士研究生培养方案的最新版本中，有了"系统功能语言学""功能句法与语篇分析""生态语言学"等与系统功能语言学关系密切的课程，许多研究生毕业论文的选题都与功能语言学有关。此外，这些年内蒙古大学外国语学院的学术交流也明显增多。近几年来，在功能语言学、语篇分析、话语研究、生态语言学等研究领域的全国会议和研修班上，总能看到来自内蒙古大学的老师和学生。这一切，都应该与李满亮教授在内蒙古大学努力做好学科建设有很大的关系。

看到李满亮院长这些年的学术成果，我感到很高兴。希望他能够在研究语言问题和培养学生方面再进一步努力，让更多人了解内蒙古大学的外语学科和学科建设的成果，同时也希望系统功能语言学视角下的语言研究团队在内蒙古有更多的优秀学者加盟。人生处处皆选择，选择了研究方向，就要努力往前走，前途一定是光明的。这一点满亮做得很好，值得我们学习。

子曰："三人行，必有我师焉；择其善者而从之，其不善者而改之。"无论是我们研究的各种理论模式，还是我们周围的人，都有我们可以学习的地方，如果我们能选取各种理论的优点和他人的优点来帮助自己提高，一定会有很大的收益。当然，对于某些理论存在的不足，我们要采用批判性的思维方式，不是什么都全盘接受；对于身边人事物存在的缺憾，我们要引以为戒，要从其失败中吸取教训，目的是为做好自己，提高自己，要做一个对国家、对社会更有用的人。这里引用圣人的话语，与满亮共勉。

是为序。

黄国文（英国爱丁堡大学博士、威尔士大学博士）
华南农业大学外国语学院教授、博士生导师
2023 年 4 月

目录

图目

表目

术语缩写对照表（一）

&	linker 并列连词
(S)	Covert Subject 隐含主语
A	Adjunct 附加语
a	apex 质量词组中心语
ad	adjustor 数量词组调节项
am	amount 量额
at	adjunct temperer 附加调节语
B	Binder 从属连词
C	Complement 补语
Cl	Clause 小句
CQ	Closing Quotation mark 闭引号
cv	completive 介词补语
dd	deictic determiner 指称限定语
dt	degree temperer 程度调节语
E	Ender 结束语
et	emphasizing temperer 强调调节语
f	finisher 结束成分
g	genitive element 属格成分
genclr	genitive cluster 属格字符串
h	head 中心语
hpnclr	human proper name cluster 专有名词字符串
i	inferer 推断语
I	Infinitive Element 不定式成分
IS	Infinitive Element Subject 不定式成分主语
m	modifier 修饰语

M	Main Verb 主要动词
MEx	Main Verb Extension 主要动词延长成分
N	Negator 否定词
n	nominal group element 名词词组成分
ngp	nominal group 名词词组
O	Operator 操作词
OQ	Opening Quotation mark 开引号
p	preposition 介词
pgp	prepositional group 介词词组（加的夫语法）
po	possessor 所有者
q	qualifier 后置修饰语
qd	quantifying determiner 数量限定语
qlgp	quality group 质量词组
qtgp	quantity group 数量词组
S	Subject 主语
t	temperer 调节语
td	typic determiner 类型限定语
'text'	语篇
v	selector 挑选语
Σ	Sentence 句子（加的夫语法）

结构句法部分

A	adjective 形容词
ADV	adverb 副词
N	noun 名词
NP	noun phrase 名词词组
P	preposition 介词
PP	prepositional phrase 介词短语
S	sentence 句子
V	verb 动词
VP	verb phrase 动词词组
G	genitive 名词所有格或属格名词

术语缩写对照表（二）

∧	followed by 紧跟
↘	realized by 体现
/ | \	composed of 组成
—	filled by 填充
△	expounded by 说明
/	conflated with 重合
‖‖	clause complex 小句复合体
‖	paratactic clause complex 并列型小句复合体
|	hypotactic clause complex 从属型小句复合体

第一章 引 言

本研究定名为"系统功能语言学视角下英汉名词词组对比研究",首先涉及这样几个问题:(1)研究的理论视角或者理论框架是系统功能语言学;(2)研究的对象是英语和汉语的名词词组;(3)研究的方法是对比研究。那么,为什么选择系统功能语言学作为理论框架,为什么研究英汉名词词组,为什么作对比研究?我们首先阐明这几个问题,然后再从不同的角度进行具体的分析、讨论和研究。

1.1 系统功能语言学作为理论框架

从文献上看,对于语言学的研究,理论框架是至关重要的。在讲普通语言学的时候,我们经常谈到规定语言学(prescriptive linguistics)和描述语言学(descriptive linguistics)这两个不同的概念。就描述语言学而言,主要是对发生在世界上的语言现象进行描述和解释。因此,对于同一语言现象,不同理论框架可能会做出不同的解释。

例如,我们比较常见的例子(Widdowson 1978: 29):

(1-1)A: That's the telephone.

B: I'm in the bath.

A: O.K.

在这个例子中,A 和 B 根据双方的共知知识(shared knowledge)和语境信息(contextual information),完全可以理解对方话语要表达的意义。像这样的例子,可以从不同的角度进行解释。Widdowson(1978: 29)认为,三个话段都有省略(即括号部分),如:

（1-1a） A：That's the telephone.（Can you answer it, please?）

B：（No, I can't answer it because）I'm in the bath.

A：O.K.（I'll answer it）.

在系统功能语法中，可以从语篇功能角度来考察。我们可以说，这个小语篇没有明显的衔接手段（cohesive devices），但是整个语篇在语义上是很连贯的（coherent）。而且，我们甚至可以推断出语篇发生的情景语境等信息。

从世界范围内来看，当代语言学理论可以分为功能主义（functionalism）和结构主义（structuralism）两个大的学派。而在功能主义学派中，影响最大的是 Halliday 倡导的系统功能语言学。系统功能语言学既是普通语言学理论，又是适用语言学（appliable linguistics）。黄国文、常晨光、廖海青（2013：1）指出，作为普通语言学，系统功能语言学属于理论语言学（theoretical linguistics），而作为适用语言学，系统功能语言学属于应用语言学（applied linguistics）。尤为重要的一点是，作为普通语言学或理论语言学，它最终的目标是把所有人类语言而不是某一个语言作为研究对象。从这个意义上讲，将系统功能语言学作为理论框架来研究英汉两种语言的对比是合适的，是可以操作的。而且，普通语言学研究是对语言全面的综合研究，而不是某一方面，也就是说涉及音系学、词法、句法、语义学等方面。当然，句法研究是其核心。功能句法分析的原则是，形式是建构意义的，形式是意义的体现，功能句法就是考察意义是如何由形式来体现和建构的。而音系、词汇、句法结构、位置关系、语义、语境都是构建意义的手段，都可以成为功能句法研究相关的内容。

系统功能语言学是普通语言学理论（general linguistic theory）（黄国文 2007a），而不是个别语言学理论（particular linguistic theory）（黄国文 2007b）。普通语言学理论可以研究所有人类语言的共性，而个别语言学只研究某一特定的语言。从这个意义上讲，系统功能语言学可以研究世界上任何一种语言。因此，英汉对比研究用系统功能语言学作为理论框架是合适的。从文献上看，这一点已经得到了很多学者和很多研究成果的证实，例如，彭宣维（2011），何伟、高生文（2011），何伟、高生文等（2015），何伟、张敬源等（2015）等。

普通语言学描述人类语言总体的规则，而根据 John Lyons 的观点，描述语言学（descriptive linguistics）描述个别语言的规则（参见文秋芳、衡仁权 2011：1；卢植 2011：15-16）。

那么，为什么选择系统功能语言学作为理论框架呢？首先，系统功能语言学的创始人 Halliday 师从北京大学罗常培和岭南大学王力，两位先生都是汉语语言学家，而 Halliday 研究元朝秘史中汉语的语法现象（参见黄国文 2000a，2002a）。Halliday（2005b/2007）作为系统功能语言学的创始人，对于汉语早就有系统的研究，可见系统功能语言学用来研究汉语的可操作性不用质疑。关于系统功能语言学的经典文献，参见 Halliday（1961/2007，1967，1973，1978/2001，1985，1994/2000，2002/2007，2003/2007，2005a/2007，2005b/2007，2007），Halliday and Hasan（1976/2001，1985/2012），Halliday and Martin（1981），Halliday and Matthiessen (2004/2008，2014)，Fries（2001），Fontaine（2013）等。其余更多文献将在后面的章节提及和参阅。

此外，系统功能语言学发展已经涉及语言研究的许多层面（张德禄 2006），功能句法（何伟、高生文 2011）和功能语篇分析（如黄国文 2001a，黄国文、葛达西 2006；彭漪、柴同文 2010）自不必说，是研究的主要方面。除此之外，还有其他方面的研究，例如功能语言学研究语义（如何伟、张瑞杰等 2016a，2016b）、功能文体研究（如张德禄 2005；戴凡、吕黛蓉 2012）。其余还有涉及系统功能语用学、系统功能音系学等，不再一一列举。语言的差异体现在语音、音系、词汇、语法、语义、语用等多个层面。从系统功能语言学角度看，这些都是建构意义的不同形式，是功能句法分析的一般原则（黄国文 2007c）。

我们这里对英汉名词词组做对比研究，很明确要使用系统功能语言学作为理论框架。系统功能语言学是普通语言学理论，既可以分析英语，也可以分析汉语，对于名词词组的分析属于句法研究的范畴。朱德熙（1993）在谈到西方语法学流派时这样评价："韩礼德对语法的许多的相关要素考虑得比较全面"（参见吕叔湘等著，马庆株编 1999：41）。

谈到系统功能句法研究，我们必须提一下加的夫语法（the Cardiff Grammar）。加的夫语法是系统功能语言学的重要组成部分，也是我们在本文中对英汉名词词组内部结构进行功能句法分析的主要理论框架。在后面的章节我们再详细回顾和介绍。

1.2 语言对比研究的意义

语言是维系人类社会正常运转和文化传承不可或缺的载体，因此语言学的研究在哲学社会科学研究的体系中是重要的不可取代的成员。语言学是对语言的科学研究，在语言学的大家庭中，普通语言学（general linguistics）研究人类语言的共性，而个别语言学（particular linguistics）研究某一个特定的语言。比较语言学（comparative linguistics）从广义上讲是对不同语言进行比较的研究，从狭义讲是对同一语言不同现象的比较。而对比语言学（contrastive linguistics）是比较语言的不同方面，可以是不同语言，也可以是语言的不同方面。从语言学研究的历史看，一般是研究某一语言，然后和别的语言进行比较，最后得出人类语言的共性。由此可见，语言比较研究在语言学研究的体系中承上启下，至关重要。

我们下面简要回顾一下中外学者对于语言比较的一些重要文献和论断。

马克思和恩格斯对语言的比较也有论述，指出："像比较语言学等等科学证实由于比较和确定了被比较对象之间的差别而获得了巨大的成就，在这些科学中比较具有普遍意义"（马克思、恩格斯：《德意志意识形态》，摘自《马克思恩格斯全集》第三卷，人民出版社 1960 年 12 月第 1 版，第 518 页。引自卫志强 2015：75）。

从文献上看，最早的语言学研究是从语法研究开始的。"已知最早的对语言的描述性研究可以追溯到公元前四世纪的古印度语法学家波你尼"（蓝纯 2016：ix），他"对梵语的语法体系（包括词根、词干、词尾、前缀、后缀、派生词、复合词等）进行了详尽而科学的分析"（同上）。可见语法研究在语言学研究中的核心地位。而语法研究主要是词法（morphology）和句法（syntax），尤以句法为语法的核心。词法主要研究词语的内部结构，而句法主要研究句子的内部组织结构、句子成分以及句子成分的内部结构，同时还研究句子成分的功能（参见 Jackson 2007/2016：20-21）。

　　Hartmann and Stork（1972/1981：65）指出，比较语言学是"语言研究的一种方法。所谓比较语言学，是把各语言或一种语言的历史发展中各个不同阶段语音、语法和词汇对应关系加以比较。"对比分析（Contrastive analysis）是"语言分析（linguistic analysis）的一种方法，用以解释两种或更多的语言或方言的相同点和不同点，其目的在于寻求可用于语言教学或翻译等实际问题的原理。这种方法特别注重语言的变换、干扰和其中的对等关系。这种方法是共时研究法，因为它只注意研究有关语言的当代形式，而历史比较语言学（comparative historical linguistics）则通常是历时的（diachronic），它集中研究语言在不同时期的发展形式"（同上：81）。

　　Matthews（1997/2000：74）指出，对比语言学是对两种语言的结构在任何角度的比较，对比语法是对相关系统进行点对点的比较，旨在解释进而可能会帮助老师们去纠正一种语言的使用者在学习另外一种语言时所犯的使用错误。Crystal（2000：69，85）分别对比较语言学和对比语言学下了定义。

　　Baker（2001）认为，世界上有 6000 多种语言，从当代句法研究发现，所有的自然语言都惊人地相似，虽然第一印象不是这样，而大部分的不同很大程度上是表层、表面的不同。

　　语言的对比是非常复杂的，可以在很多层面进行。语言的对比可以发生在同一语言内部，比较统一语法范畴，可以是共时（synchronic）比较，对语言在同一历史阶段的横向比较，也可以是历时比较，对语言在历时发展中随着社会历史发展过程中的纵向比较。语言的比较是很有价值的，例如古汉语和现代汉语的比较既可以看出汉语发展的过程，也可以帮助人们更好地研究和学习古代汉语，查阅和研究古代的文献。两种语言的比较意义更大，例如英汉对比研究既可以帮助母语为汉语的人学习和研究英语，也可以帮助母语为英语的人学习和研究汉语，对于促进两种语言的交流和文化传承具有重大意义。关于语言比较和对比的意义、研究方法等，参见许余龙（2001，2010）。

　　Saussure 是第一个给对比语言学下定义的，主要是探讨语言之间的不同，特别是在语言教学的背景下。对比语言学是两种语言共时的比较，主要比较两种语言在结构上的相同点和不同点。语言的对比研究可以上溯到 20 世纪 40 年代到 60 年代（卢植 2011：16）。对比语言学研究的目的是找出不同语言或者不同语言变体的共同特点。对比可以体现在音系、形态和句法层面。Bloomfield（1933/2001：193）也认为句法和形态学（词法）合起来就是语法，同时 Bloomfield（1933/2001：314-338）讲到了语言研究的比较方法。

　　以上简要回顾了中外学者对语言对比研究的意义的宏观阐述。总之，语言对比研究对于语言本体的精密度研究，对于两种语言的学习和研究以及语言之间的翻译都具有重要意义。

1.3　英语和汉语对比的重要意义

　　本书是对英汉两种语言作共时对比研究，从语法范畴看，是研究名词词组。英语的名词和汉语的动词肯定有不同和相同之处，但是对比的意义不大，因为不同词类的异同毋庸置疑，肯定会有不同的结构、不同的句法和语篇功能。但是，研究英语名词词组和汉语名词词组究竟有什么相同之处和不同之处是很有价值的。我们从以下几个方面进行说明：

　　第一，我们通常说的汉语，指的是"中国领内及海外一切汉民族所说所用的语言"（高名凯 1986：3）。关于"汉语"，还有"中文""华文"等说法，我们在本书中一律采用"汉语"，不再区分其他。此外，从历时的角度看，汉语一般分为古代汉语和现代汉语。从共时的角度看，广义的现代汉语包括中国各地方言的总称（张斌 2010：1），而狭义的现代汉语指的是"以北京语音为标准音，以北方话为基础方言，以典范的现代白话文著作为语法规范的普通话"（张斌 2010：1）。我们这里讲的汉语指通常意义上的现代汉语普通话。

　　第二，Halliday（2000）在由外语教学与研究出版社出版的"当代国外语言学与应用语言学文库"里讲过这样一句话："At the same time, it will also contribute to the development of linguistics as a discipline in Chinese universities and colleges, helping to overcome the divisions into 'English linguistics', 'Chinese linguistics' and so on which hinder the progress of linguistics as unified science."大意是说，语言学是一个独立的学科，而

把语言学分为英语语言学或者汉语语言学会阻碍语言学作为一个学科的发展。

Halliday 在伦敦大学主修中国语言文学,来到中国后在北京大学师从罗常培先生研究汉语历史语言学,后在岭南大学师从王力先生学习和研究现代汉语(参见黄国文 2002a;胡壮麟 2008)。由此可见,系统功能语言学从开始就有汉语研究的身影。

第三,从语系角度讲,汉语属于汉藏语系(高名凯 1986:8),英语属于印欧语系。Crystal(1997/2000:24,98,294)讲到语言的分类(另参见胡壮麟 2011:74),主要从三个角度分类:基因分类(genetic or genealogical classification)、类型分类(typological classification)和地域分类(areal classification)。基因分类指的是来自同一祖先的语言,常常比喻成家庭(family)。例如拉丁语(Latin)是父母语言(parent language),法语和西班牙语是子女语言(daughter languages),法语和西班牙语是姐妹语言(sister languages)。类型分类指的是语言通过比较,在形式上相似的语言,建立在音系、语法词汇等方面,而不是它们的历史关系。例如根据句子中词语的顺序,世界上 75% 的语言属于 SVO 类。地域分类主要指的是语言按照地域不同的分类,如地域方言或者地理方言就是语言按照地域的分类。

根据高名凯(1986:16-17)的论述,从 19 世纪初博布(Bopp)的著作《梵语动词变化之系统》于 1816 年出版以来,比较语法学在欧洲逐渐发展起来。研究的范围涵盖印欧语系内部不同语族之间的语言比较,进而扩大到不同语系的语言之间的比较。普通语言学因此诞生,旨在探索人类语言的共性。在这个过程中,汉语的研究对普通语言学的贡献很大。高名凯(1986:60)指出,人文社会科学的研究一般都要采用比较的研究方法。用西洋化方法研究汉语,就是因为没有做比较,因而采用拉丁语或者英语的语法来研究汉语。

第四,英语和汉语有很多共同之处,值得研究。张培基、喻云根、李宗杰、彭谟禹(1980:19)特别讲到这一点:"英译汉的一切翻译理论、方法和技巧都建立在英汉两种语言的对比上,因此对于翻译实践来说,对比英汉两种语言的异同尤其是相异之处,从而掌握它们的特点是十分重要的。通过对比，掌握两种语言的特点，在翻译时就可以自觉地运用这些特点，还可以使我们重视一切难译的地方，认真研究同一思想内容如何用不同语言形式来表达的问题"。

王宗炎、许国璋（1987）强调，"引进的理论，能用汉语说得清、讲得懂；能用汉语的例证加以测验"。邢公畹（1987）认为，

> "有些同志认为传统的中国语言学只是文字、音韵、训诂之学，语言科学是从西方移植进来的。这种看法把问题过于简单化了。文字、音韵、训诂之学本身不能不要求发展，要发展就只能走更进一步的'科学化'的道路。先进的西方语言科学能够'移植'进来（不是生搬硬套），说明传统的中国语言学具有可以接受这些先进理论的'内因'。换句话说，先进的西方语言理论只有跟中国语言学研究的历史和研究的实际相结合，才能形成语言科学的中国方面。"

第五，英语和汉语两种语言的对比包括很多层面，例如英语有古代英语、现代英语；汉语也有古代汉语和现代汉语之分，而且现代汉语还有普通话和方言的差别。所以我们这里讲的英汉语对比只涉及现代英语和现代汉语普通话。更多关于英汉语言对比和系统功能句法研究的期刊论文和学位论文以及其他文献，参见吴持哲（1995），Halliday and Matthiessen（1999/2008，2004/2008，2014），吕叔湘等（1999），胡壮麟、姜望琪（2002：316），萧立明（2010），魏志成（2010），彭宣维、程晓堂总主编，田贵森主编（2016），彭宣维、程晓堂总主编，孙迎晖、程晓堂主编（2016）等。

1.4 英汉名词词组研究

《现代汉语词典》（2016第7版：213）关于词组是这样定义的："语义和语法上都能搭配的两个或更多的词的组合，口语中没有句调，书面上没有句末标点（区别于'词'与'句子'）。如'新社会、打扫干净、破除迷信'。也叫短语。"

而《新华词典》（2013第4版：230）是对短语这样定义："也叫词组。旧称仿语。词和词按照一定的语法规则组合起来构成的造句单位。按结

构分，有主谓短语、动宾短语（述宾短语）、并列短语、偏正短语等；按功能分，有名词短语、动词短语、形容词短语等。如'老师好''访问老师''老师和学生''好老师'等。"由此看出，现代汉语中词组和短语的内涵是一样的。

我们这里既然是系统功能语言学视角下的研究，按照系统功能语言学普遍认可的观点，区分词组和短语。短语特指介词短语，词组和短语的内涵是不一样的。关键在于词组有一个中心语，是向心结构（endocentric construction），短语没有中心语，至少由两部分组成，是离心结构（exocentirc construction）。

国内外文献也表明，功能句法研究主要是围绕小句进行的，而对于词组和短语的研究较少（胡壮麟 2000a；何伟、高生文 2011）。国内出版的很多用作教材的语法书，基本都没有把词组和短语作为重要内容，而是把词和句子作为核心进行描述，例如张道真（2002a，2002b，2008），Sinclair（2008），张克礼（2005），Alexander（1988/1991）等。就名词词组而言没有专门章节，只散落在描述修饰语或者定语的章节，而对动词词组的描述则可能在状语的章节。章振邦（1995，2003，2013）对词组有专门讲述的章节，不过都较为简单。这些语法书有一个共同的特点，那就是这些书都是教学语法，不同于研究语法和参考语法。教学语法以词和小句作为核心，自有它的道理。而且，国内很多语法教材在编写的时候有可能为了教学的方便，从词讲起，然后句子结构、句子成分。尽管如此，词组虽然没有和词以及小句同样的地位，但是在讲句子结构和句子成分时，已经包含词组的思想，另外也绕不开词组和短语。

然而，词组（短语）是语法单位级阶中非常重要的一级。词组（短语），而非词，是构成小句的直接成分。Halliday（1994/2000：180）形象地把小句和词组（短语）的关系比做房间和墙壁，如果说小句是由词组成的，如同说房间是由砖组成的，忽视了中间成分墙壁。众多英语的语法学家也都对词组进行了详细的描述和研究，例如被 Fawcett（2007：168）称为三部最新综合英语语法著作（"the three most recent comprehensive grammars of English"），即 Quirk *et al.*（1985），Biber *et al.*（1999/2000），Huddleston and Pullum（2002）等都对词组的研究用了大量篇幅。

　　汉语的语法研究也很重视词组。从中国第一本研究汉语语法的著作开始（马建忠 1983），到赵元任（1979，1980，2002），到被称为"二十世纪现代汉语语法八大家"的黎锦熙（2001），王力（2002），陆俭明（2001，2005），朱德熙（2001），邢福义（2001），吕叔湘（2002），胡裕树、张斌（2002）等都对汉语名词词组有不同程度的论述和研究。李德津、程美珍（2008）提供了母语不是汉语的人学习汉语和研究汉语语法的文献。马庆株（1999）专门针对汉语词组的研究中也包括名词词组。

　　根据 Halliday and Matthiessen（1999/2008：5）的观点，语言是由三个层次组成的系统（参见图 1-1）：语义系统、词汇语法系统、音系系统。这三个层次之间的关系是体现（realization），即：语义系统由词汇语法系统体现，词汇语法系统由音系系统来体现。由此可见，词汇语法在语言整个系统中处于中间地位，联系着两端。而语法又包括词法和句法两部分，即句法和形态学合起来就是语法（Widdowson 1996/2000：48）。句法的研究以小句为核心，但是词组和短语在级阶上是位于词和小句之间不可忽视的重要一级语法单位，是组成小句的直接成分。所以，词组的研究是词汇语法研究的核心部分之一。英语和汉语的词组和短语都有自己特定的内部结构，尤其是名词词组的内部结构、句法功能、语篇功能等都是词组和短语里面最复杂的。英汉名词词组的对比研究是功能句法同时也是英汉两种语言对比研究的重要组成部分。

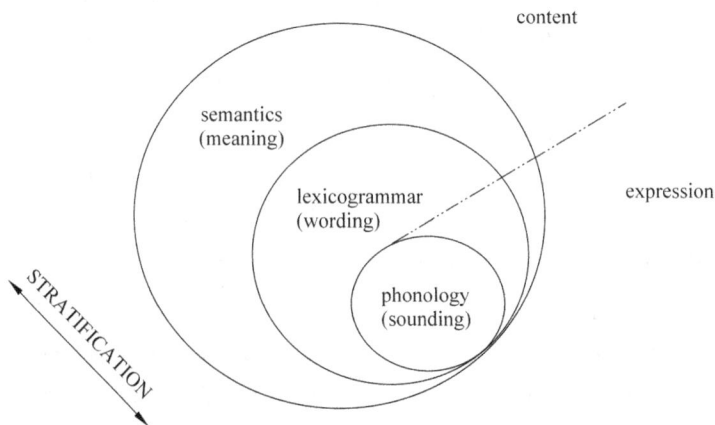

图 1-1　语言三个层次的系统（Halliday and Matthiessen 1999/2008：5）

1.5 语料说明

语料在语言学研究尤其是句法研究中至关重要。根据 Bloor and Bloor（1995/2001：4）的观点，系统功能语言学研究一个重要特征就是以实际使用的口语和书面语作为研究对象。Butler（1985：15）也指出，系统功能语言学研究应该建立在语料库的基础上（corpus-based），反对使用自己创造的例子。Fawcett（2008b：9）也强调实际使用的语言的重要性。但 Fawcett（2006：258）也指出，我们在研究中不要害怕自己创造例子来研究，这些例子可以在语料库中加以验证，创造的例子只要符合这种语言的语法规则和使用习惯就可以。

关于语言学研究的语料或数据问题，Widdowson（1996/2000：72-75）阐明了三种语料来源，即内省法（introspection）、诱导法（elicitation）和观察法（observation）。内省法主要是针对某种语言的母语使用者，可以根据自己母语的语言知识创造符合语法规则和习惯的句子、短语或词组等。那么，母语为英语的研究者可以使用自己创造的英语的例子，母语为汉语的研究者可以研究自己创造的汉语的例子。所谓诱导法，指的是我们可以询问母语使用者在这种情况下可否这样使用、究竟该如何使用。而观察法是研究者通过对实际使用的语言的观察找到适合自己研究的实例和语料。实际使用的语言可以是语料库，也可以是书面和口头使用的语言。由于实际使用的语言更有说服力，因此，系统功能语言学研究大多使用观察法获得真实的语料。更多关于语言学研究的语料问题，参见胡壮麟、姜望琪（2002：38-39），黄国文、葛达西（2008：18），杨炳钧（2003：8），李满亮（2013：6-8）等。

有鉴于此，本书使用的语料绝大多数采用观察法获得，从语法书、文学作品、日常生活用语等实际使用的语言中获得，并且尽可能指明出处。偶尔我们也采用内省法举一些例子，但是明确符合现代英语和现代汉语普通话的语法规则和使用习惯。如果没有特别指明出处的例子，则为采用内省法获得。

1.6 术语说明

不同学派甚至同一学派内部对于同一语言现象都可能有不同的描述思路和方法，而使用不同的术语也是这种思路和方法的体现。因此，术语（technical terms）在语言学研究中也是重要的因素之一。

本书首要的一个关键术语是"词组"和"短语"的使用。绝大多数文献中，"词组"和"短语"混用，二者不加区别，有的偏向某一种。"group"一般对应"词组"，也有的称之为"word group"（Jespersen 1924/2008：102；Morley 2004/2010；胡壮麟 2017：80），因为"group"一般是"group of words"，不是"group of any other unit"。而"phrase"一词对应"短语"。我们采用 Halliday（1994/2000）的区分办法，词组是词的扩大，因此是向心结构；而短语是小句的缩小，因此是离心结构。我们所讲的"名词词组"和大多数文献讲的"名词词组""名词短语"的内涵是一致的。而我们讲到的短语则是指含有两部分的类似介词短语的情况。此外，汉语语法中一般不讨论词组复合体（group complex）问题，我们按照系统功能语言学的框架专门探讨英汉名词词组复合体的问题，因为词组复合体是和词组既密切联系又有明显区别的语言使用。

英语"Head"一词，我们采用"中心语"而非"中心词"，因为"中心词"更像是结构标签，而"中心语"更像功能标签。而我们在讲到名词词组的成分时，前置修饰语，后置修饰语，都是功能标签。不用"前置修饰词""后置修饰词"表示。英语"determiner"在加的夫语法中是功能标签，而在 Halliday 的悉尼语法中指的是词类，是结构标签。因此我们把"determiner"作为功能标签时用"限定语"表示，作为结构标签时用"限定词"表示。同时，我们按照系统功能语言学的惯例，英语的功能标签首字母大写，为的是和结构标签加以区别。

另外，系统功能语言学内部两个重要的模式称为加的夫语法（the Cardiff Grammar）和悉尼语法（the Sydney Grammar），这两种说法虽然没有被普遍使用，但也在很多文献中出现。比较一致的共识是，加的夫语法和悉尼语法都是系统功能语法。既然加的夫语法明确指出是对

Halliday 词汇语法部分的扩展和简化（Fawcett 2008a，2008b），我们认为，Halliday 关于词汇语法部分的论述和研究可以称为悉尼语法。但是，悉尼语法和加的夫语法不是系统功能语法的全部，更不是系统功能语言学的全部，只是其中的词汇语法部分。系统功能语言学作为普通语言学理论，还有其他很多方面。把悉尼语法和加的夫语法说成两种方言（dialect）还是两种语域（register）显然是两种比喻（metaphor），本书不做争论。既然是两种客观存在，我们就用来做句法分析的两种模式，各有各的优势，无论哪一种模式也都在系统功能句法的框架之内，和结构句法分析有着本质的不同。

还有一点值得一提的是，Halliday（1994/2000）没有形容词词组（adjectival group），认为形容词词组是名词词组的一种，是名词词组的精密度分类。而 Thompson（1996/2000，2004/2008，2014）却把名词词组和形容词词组加以区别。本书不予讨论，但是我们分析的名词词组和名词词组复合体不包括形容词词组及其复合体。关于形容词和形容词词组的系统功能语言学研究参见 Tucker（1998），黄国文（2001b）。

名词词组的修饰语在一般的语法书里都被称为定语（attributive），按照与中心语相对的位置分为前置定语和后置定语。叫作定语自有其道理，因为本来是限定中心语的，限定了中心语的某些特征，定语也是名词词组特有的一个成分。形容词词组或者副词词组的修饰语一般叫作状语，而非定语。本书属于系统功能句法研究，使用系统功能语言学作为框架，就根据惯例称为修饰语。从精密度分类角度讲，还有更细的诸如数量修饰语、类别修饰语、描述修饰语、指称修饰语等。

1.7　创新点

关于语法研究的创新问题，吕叔湘（1999）指出了三点：一是研究别人没有做过的题目；二是别人已经做过的题目，但是结论还有可以探讨和商榷的余地；三是许多人都研究过的题目，有很多争议，也可以进行探讨。第一点其实很难，无论是英语、汉语，找一个没有人研究过的题目是不容易的。

我们（李满亮 2013：6）曾引用 McDonough and McDonough 关于创新的思路，这里再简单做一陈述。McDonough and McDonough（1997/2000：59）认为，创新可能会从以下角度获得：一个新的问题，新的数据或语料，原有数据的整合，新的理论或者对理论的补充修正，原有数据新的分析，甚至重复以前的研究来比较结果和结论进而得出普遍的规律和概括的内容。因此创新可以使用新方法解决旧的问题或者描述从来没有描述过的问题（Schiffrin *et al.* 2001：4）。

黄国文在讲到研究创新时借助酒和瓶子的关系来说明："选题的几种方法是：'旧瓶装旧酒''旧瓶装新酒''新瓶装旧酒''新瓶装新酒'，论文要有新东西才有价值，比如理论要新、研究视角要新、研究方法要新或者语料要新"（参见 Net 1）。

无论是英语名词词组还是汉语名词词组，都不是一个新的问题，但是用系统功能语言学作为理论框架，而且做二者的对比研究，这就是本书的创新之处。也就是说，理论视角和研究方法都是具有创新性，这是宏观角度的创新。此外，我们对英汉名词词组的具体结构和具体单位的功能进行重新思考，提出新的见解，这是微观角度的创新。对英汉名词词组复合体进行讨论也是创新之一。

1.8 结构安排

本书一共分为十一章。前两章是全书的介绍部分，为全书主体部分的研究做了必要的前提。第三章到第十章是全书的主体部分，从结构、功能、语义、句法与语义的结合、结构的组合等角度进行。第三章、第四章和第五章与英汉名词词组的内部结构相关。第六章和第七章考察英汉名词词组的功能，包括句法功能和语篇功能。第八章和第九章涉及英汉名词词组的语义，其中第八章分析歧义是由哪些形式构建的或者影响的。第九章分析语法隐喻，考察语义和句法的关系。第十章是英汉名词词组组合的新结构，词组复合体，也从结构、功能、语义等角度进行分析。第十一章是对全书的总结。

　　第一章是全书的引言部分，涉及研究视角及理论框架、语料来源、研究方法及可能的创新之处、术语说明及全书的框架。本书是系统功能语言学视角下英汉名词词组对比研究，所以这一章首先回答这样几个问题：为什么用系统功能语言学作为理论框架，为什么研究名词词组，为什么做英汉名词词组的对比研究。接着，对研究所用的英语和汉语语料做一个说明。然后对研究要解决的主要问题和创新之处进行了阐述。最后是研究的思路和整体结构安排以及各个部分之间的关系。

　　第二章简要介绍和回顾英语和汉语的语法范畴。语法范畴是进一步进行研究和描述的基础，例如语法单位、单位的结构、精密度研究。所以，第一章和第二章是整体研究的准备环节。同时，我们对和英汉名词词组有关的语法范畴进行对比分析，本身就是研究的组成部分。

　　第三章、第四章、第五章主要和英汉名词词组的内部结构相关。基本思路采取从一般到特殊、从基本结构到特殊结构的方法。而名词词组的结构是围绕中心语进行的。第三章主要研究英汉名词词组的经验结构和逻辑结构的对比。这一章还着重介绍功能句法分析的悉尼语法模式和加的夫语法模式。这一章我们要重点分析汉语名词词组的后置修饰语问题。第四章主要探讨英汉名词词组的非连续现象。就本质而言，非连续也是一种形式，对意义的构建具有意义，是名词词组的一种特殊形式。第五章主要分析级转移的语法单位充当前置修饰语的英汉名词词组。一般情况下，小句、词组、短语充当修饰语在英语中一般要后置，充当前置修饰语是一种特殊结构。虽然这三章研究的是英汉名词词组的结构，确切地说是功能结构，不仅研究结构，并且分析结构中每个成分在建构整体结构和意义时的功能和作用。

　　第六章和第七章主要考察英汉名词词组的功能。第六章主要对比研究英汉名词词组的句法功能。句法功能涉及两个大的方面，一是名词词组在同级单位即词组和短语中的句法功能，二是在小句中的句法功能。第七章主要讨论的是英汉名词词组的语篇功能，也就是英汉名词词组在把语篇组织成一个语义连贯的整体的过程中所起的作用。

　　第八章和第九章和语义相关。第八章分析英汉名词词组的歧义现象，主要考察哪些形式对歧义的构建起着决定和影响作用，以及如何消除歧义。第九章是分析英汉名词词组的语法隐喻现象。语法隐喻本身就是考察意义是如何由形式来体现的。因此这两章的分析都符合功能句法分析的原则,是句法和语义的结合。

前面几章的主体部分都和名词词组相关。名词词组按照规则横向组成的结构没有涉及。所以,第十章探讨英汉名词词组复合体的问题,包括从属型名词词组复合体和并列型名词词组复合体。对于名词词组复合体,只分析其结构,因为名词词组复合体的句法功能和语篇功能与名词词组基本相同,无须赘述。

第十一章是对全书的总结。主要涉及三个问题:对全书内容进行总结,指出分析探讨解决的主要问题、创新点所在;指出研究存在的问题和不足之处;对未来相关的研究做一些展望。

全书参考文献采取这样的方法列出:如果文献本身是用英语撰写的,就用英语列出;如果用英语撰写的文献是中国学者而且有相应的汉语标题,又在国内出版,则标出作者的汉语姓名,以方便在正文中引用;英语的作者在正文引用时直接保留英语姓氏,不再翻译成汉语;相应的,用汉语撰写的文献就用汉语列出。需要指出的是,有些文献不是参考文献,而是个别语料的来源,就和参考文献加以区别列出。

第二章　英语和汉语的语法范畴对比

2.1　引言

　　从系统功能语言学的发展来看，经历了阶和范畴语法（scale and category grammar）、系统语法（systemic grammar）、功能语法（functional grammar）、系统功能语言学（systemic functional linguistics）（参见黄国文 2001c）。

　　一般认为，我们讲的语法包括音系学（phonology）、形态学（morphology）和句法学（syntax）（如 Bloomfield 1933/2001；Baker 2001；Widdowson 1996/2000）。语音学（phonetics）是研究声音是如何发出来的、如何传递的以及如何接收到的；音系学主要是研究语音的系统和模式以及语言里语音的规则；形态学关注词语的内部组成和内部结构；而句法学研究句子的结构以及句子内部各个成分之间的关系，这样就涉及句子结构和作为句子成分的短语或词组的内部结构。句法研究的核心是小句，而词组和短语的研究较少（参见胡壮麟 2000a），但是也属于句法研究的范畴。

　　句法研究中，理清语法范畴是首要和必要的一步。举例来说，名词词组就有几种说法，如 "noun phrase"（如 Barry 1998；Biber *et al.* 1999/2000；Carter and McCarthy 2006；Huddleston 1984；Huddleston and Pullum 2002, 2005/2008；Leech and Svartvik 1994；Quirk *et al.* 1972, 1985；Radford 1988/2000）、"nominal phrase"（如 Morley 2000）、"noun group"（如 Sinclair *et al.* 1990）。系统功能语法多采用 "nominal group"（如 Bloor and Bloor 1995/2001, 2004, 2013；Fawcett 2000, 2006, 2007, 2008a, 2008b；Halliday 1985, 1994/2000；Halliday and Matthiessen 2004/2008, 2014；Thompson 1996/2000, 2004/2008, 2014）。更多关于词组短语的论述，参见李满亮（2013），李满亮、杜红原（2010）。

因此，我们首先理清英语和汉语的语法范畴，这样有助于描述两种语言中的名词词组。同时，对比英语和汉语的语法范畴本身也是研究的内容之一。

2.2 语法范畴

关于语法范畴（grammatical category），我们简要回顾 Halliday（1961/2007）所讲到的内容。Halliday（1961/2007）的论述是阶和范畴语法的重要文献。语法范畴包括单位（unit）、类别（class）、结构（structure）和系统（system）。这几个范畴之间的关系形成了几个阶，级阶（rank scale）、精密度阶（delicacy scale）和说明阶（exponence scale）。

单位在语法描述中至关重要，Halliday（1961/2007）把英语的语法单位分为句子（sentence）、小句（clause）、词组/短语（group/phrase）、词（word）和语素（morpheme）。这些语法单位按照次序的排列就形成级阶（Halliday 1961/2007：78）。高一层次的语法单位是由低一层次的语法单位组成的。换句话说，高一层次的语法单位可以分析为低一层次的语法单位的组合（Crystal 1997/2000：95）。级阶的关系也说明语言的描述特征（design features）里讲到的语言的二重性（duality）。

一般讲的语法包括词法和句法，词法研究词语的内部结构，如形态学（morphology），以语素（morpheme）为基本单位。关于语素的论述，参见赵元任（1979），吕叔湘（1979），张志公（1981），朱德熙（1961，1982），Bloomfield（1980）等。

类别是和单位紧密相连的，所以 Fawcett（2000，2008a，2008b）直接用"class of unit"这一术语，即单位的类别。语素可以分为自由语素（free morpheme）、黏着语素（bound morpheme）。词的分类就是词类（word class），就是传统语法讲的词性（part of speech）。关于词语的分类，很多学者从不同的角度有不同的分法。所以类别分为词组的类别、短语的类别、小句的类别、句子的类别等。

结构也是非常重要的一个语法范畴，结构主义语言学研究离不开结构分析，功能语言学的研究也离不开结构。因为意义是由形式来体现的，而结构也是和单位密切联系的，我们说的结构一定是某一个单位的结构。就英语而言，音系学、形态学、句法学，甚至语篇都研究和关注结构。或者说，结构的研究和分析是必不可少的部分。例如，音系学中有一个重要的概念就是音节（syllable），音节的基本结构是节首（onset）和韵基（rhyme），而韵基是由核心（nucleus）和韵尾（coda）组成的（参见胡壮麟、姜望琪 2002：77；胡壮麟 2017：41）。我们通常说的 CVC 结构就是音节的结构。词语也有自己的结构，最简单说，我们比较熟悉的词语结构如"前缀＾词根／词干＾后缀"。词语内部结构的研究和描述就是形态学。随着语法单位在级阶的上升，结构也越来越复杂，词组的结构就比词的结构复杂得多。英语名词词组最基本、最简单的结构就是：前置修饰语＾中心语＾后置修饰语（Premodifier / Modifier＾Head＾Postmodifier / Qualifier）。其他词组和短语的结构各有各的特点和规律。小句的结构更不用说了，更加复杂。再加上句子具有的递归性（recursiveness），句法研究具有不可穷尽性。正因为小句结构非常复杂多变，因此我们可以编词典或字典，但不可以编句典，或者词组短语典。一般来讲，核心句（kernel clause）的结构（参见 Huddleston and Pullum 2005/2008），即一般现在时，主动语态，表示肯定的陈述句的结构。实际上，语篇虽然是语义单位，但也有自己的结构。例如，一般的语篇分为引言（introduction）＾发展（development）＾结论（conclusion），就是此类语篇的结构。

　　我们要研究英汉名词词组，语法范畴之中，最核心的应该是语法单位、单位的类别、某一类别单位的结构。我们在下面的部分就围绕这三个范畴理清英汉名词词组的范畴。

2.3　英语的语法范畴

2.3.1　语法单位

　　英语的语法单位基本上是语素、词、词组／短语、小句、句子。Halliday（1985，1994/2000）对词组和短语进行了区分。系统功能语言学很少关注词的研究，而大多关注句法和语篇，尽管 Halliday 也有词汇学的相关论著（如 Halliday and Yallop 2007/2008）和音系学的研究（如 Halliday and Greaves 2008）。事实上，语音和音系都是构建意义的手段，也符合功能句法分析的原则。

句子在实质上相当于 Halliday（1994/2000）讲的小句复合体（clause complex），分为并列型小句复合体（paratactic clause complex）和从属型小句复合体（hypotactic clause complex）。认为句子是书面语的单位，不适合对口语语篇的描述。前者和传统讲的并列句（coordinate sentence），后者和传统讲的复合句（subordinate sentence）的内涵是一致的。而小句就是传统讲的简单句（simple sentence）。判断小句的一个重要依据就是主谓结构，一个主谓结构对应一个小句。例如，"John and Mary went to school every morning."是一个小句，因为只有一个主谓结构，"John and Mary"是一个名词词组复合体，是主语，而"went to school every morning"是谓语部分。"John loves Mary, and Mary loves John."有两个主语，两个谓语，尽管谓语都是"loves"，但是主谓结构是两个，因此是一个并列型小句复合体。

词组和短语是位于小句和词中间的一级语法单位。从文献上看，绝大多数语言学家和语法学家不区分词组和短语。但是，我们认为 Halliday（1994/2000：180，215）对短语和词组的区别是有必要的。短语总是有两个成分，而词组总是围绕一个中心。我们在本书中也区分词组和短语，讲到短语就是至少由两个成分组成。英语中介词短语和名词词组不同，因为名词词组总围绕一个中心语，各种别的成分都是对中心语的描述，中心语的句法功能和整个词组的句法功能是一样的。例如"those two old splendid electric trains with pantographs"的句法功能和中心语"trains"的句法功能是一样的。而介词短语没有中心语，是由两部分组成的，任何一部分的句法功能都和整体的句法功能不同。例如，介词短语"in the classroom"由介词"in"和其补语名词词组"the classroom"组成，无论介词还是名词词组都和介词短语的句法功能不同。而汉语中，名词词组也是围绕一个中心，如名词词组"那两间漂亮的红房子"的句法功能和中心语"房子"的句法功能是相同的。但是主谓短语则不是，总是由两部分组成，如"大家讨论"中，无论"大家"还是"讨论"，句法功能都和"大家讨论"的句法功能是不同的。

按照级阶的观点，英语的词是在级阶上位于语素和词组 / 短语中间的一级语法单位，词是短语和词组的直接成分，而不是小句的直接成分。按照这个原则，词是在词组中或者短语中能够独立地充当成分的最小语法单位。之所以说是最小的单位，因为词组和短语的内部成分有可能是级转移（rankshifted）的语法单位，即词组、短语、小句都可以作为名词词组的成分。但是，所有成分中，词是成分中最小的单位，或者在级阶上处于最低位置的单位。关于英汉名词词组级转移修饰语的讨论，参见本书第五章。

语素是能够表示意义的最小的语法单位。按照级阶的观点，语素是级阶中最低一级的语法单位，在上一级语法单位词中充当一定的角色。当然了，一个语素可以独立充当词组和短语的成分，那么这个语素就是词。例如，"words" 是由两个语素组成，"word" 和 "s"，其中 "s" 是黏着语素，但是它和 "sit" 中的 "s" 不同，因为 "s" 在 "words" 中表示复数的意义，而在 "sit" 中没有任何意义。但是，"s" 却不能在词组和短语中独立充当成分，但是 "word" 可以成为名词词组 "an English word" 的中心语，因此 "word" 是一个词。

2.3.2　单位类别

语素的类别一般分为自由语素（free morpheme）和黏着语素（bound morpheme）。自由语素可以单独成词，而黏着语素不可以自己成词，必须要粘着在别的语素（自由语素或者黏着语素）上，和别的语素一起构成词。词的基本结构为词根（root）和词缀（affix）。词缀最常见的是前缀（prefix）和后缀（suffix），有的语言还有中缀（infix）和周缀（circumfix）。前缀和后缀比较常见，中缀在英语中也有，例如 "foot—feet，goose—geese，tooth—teeth"（参见胡壮麟 2001：85）。所谓周缀就是同时加前缀和后缀，德语中比较多见，例如 "lieben（love）" 的完成式 "geliebt"，在词根 "lieb" 前后都加了词缀。英语词语同时加前缀和后缀的现象也有，例如 "unconsiously，unfreindly"。关于词缀的具体类别，即前缀、后缀、中缀、周缀的详细论述，可参见 Fromkin，Rodman, and Hyams（2017：39-43）。词缀一般情况下都是黏着语素，无论是屈折词缀（inflectional affix）还是派生词缀（derivational affix）。如果从语素自由和黏着角度讲，屈折语素和派生语素都是黏着语素。

英语中词的类别最常见的有几种划分法：按照音节划分，按照语素划分和根据功能来划分。根据音节划分，英语的词语可以划分为单音节词（one-syllable word）、双音节词（two-syllable word）和多音节词（poly-syllabic word）。顾名思义，单音节词只有一个音节，如"book""phone""desk"；双音节词含有两个音节，如"careful""organ""bookstore"；多音节词含有三个或者三个以上音节，如"organization"（五个音节）、"literature"（四个音节）、"computer"（三个音节）、"telecommunication"（七个音节）。词也可以按照含有语素的多少进行划分，因为按照级阶理论，词是由语素组成的。可以分为单语素词（one-morpheme word）、双语素词（two-morpheme word）、多语素词（poly-morphemic word）。语素和音节不是一一对应的。例如"books"含有两个语素，但是只有一个音节，"organ"有两个音节但是只有一个语素。

词按照功能划分更便于做句法分析。按照功能划分，英语的词一般分为实词或内容词（content words）和功能词（function words）。二者又可以分为不同的类别。我们这里只列举几个被 Fawcett（2007：168）称为三部最新综合英语语法著作（"the three most recent comprehensive grammars of English"）的作品，即 Quirk *et al.*（1985），Biber *et al.*（1999/2000），Huddleston and Pullum（2002）的分类。

——Quirk *et al.*（1985）的分类：

根据 Quirk *et al.*（1985：67），词分为以下几类：（a）封闭词类（closed-class words），包括介词（preposition）、代词（pronoun）、限定词（determiner）、连词（conjunction）、情态动词（modal verb）、基本动词（primary verb）（此译法参见 Quirk 等著，苏州大学翻译组译 1998：88），例如"be""do""have"；（b）开放词类（open-class words），包括名词（noun）、形容词（adjective）、全义动词（full verb）、副词（adverb）；（c）数词（numeral），包括表示数量的基数词（cardinal numeral）和表示顺序的序数词（ordinal numeral）；（d）感叹词（interjections）；（e）表示否定的

"not"和动词不定式标记的"to"，又被称为小品词（particle）。一共十三类词。所谓封闭词类就是这一类词的成员不能随意增加或者减少，而开放词类则相反，随着新事物的出现，此类词的成员可以增加或者减少。

关于词组，Quirk *et al.*（1985：60-64）主要论述了名词词组（noun phrase）、动词词组（verb phrase）、形容词词组（adjective phrase）、副词词组（adverb phrase）和介词词组（prepositional phrase）。虽然用了 phrase 一词，但是实际上和词组没有本质上的区别。只是介词词组和功能语法中讲的介词短语（prepositional phrase）内涵相同，和介词词组（prepositional group）不同。

——Biber *et al.*（1999/2000）的分类：

Biber *et al.*（1999/2000：54-55）特别指出了书写词（orthographic words）和语法词（grammatical words）以及词位（lexeme）的区别。书写词主要是指在书写的时候两个空格之间的部分，词位指的是一个词不同的形式，都属于同一个词类，例如"work""worked""working"是词位，属于同一个词"work"的不同形式。重点还是语法词，为了语法规范和目的的词，分为词汇词（lexical words）或者叫实词，包括名词、动词、形容词和副词，和功能词（function words），又叫虚词，包括：与名词词组有关的，限定词（determiners）、代词（pronouns）、数词（numerals）、介词（prepositions）；与动词词组有关的，基本助动词（primary auxiliaries）"be""do""have"、情态助动词（modal auxiliaries）、副词性小品词（adverbial particles）；和词组和小句有关的并列连词（coordinators）；和小句相关的从属连词（subordinators）、wh- 词、否定词（negator）"not"、存在词（existential）"there"、动词不定式标志（infinitive marker）"to"等。

关于词组，Biber *et al.*（1999/2000）则认为，实词为中心语构成英语的主要的词组，因此词组主要包括名词词组（noun phrase）、动词词组（verb phrase）、形容词词组（adjective phrase）、副词词组（adverb phrase）。虽然使用的是"phrase"一词，但是其内涵和 Halliday（1994/2000）讲的词组的内涵是相同的。介词短语（prepositional phrase）和 Halliday（1994/

2000）讲的介词短语的内涵相同，和介词词组（preposition group）则不同。除此之外，还有属格词组（genitive phrase），例如"the Queen's"，数词词组（numeral phrase），如"three hundred and thirty-five"。关于词组和短语的术语本身作为名词词组的时候，是使用形容词还是名词作为修饰语，例如"adjectival / adjective group / phrase"，参见李满亮、杜红原（2010）。

——Huddleston and Pullum（2002）的分类：

Huddleston and Pullum（2002：22）把英语的词分成九类：名词（noun）、动词（verb）、形容词（adjective）、副词（adverb）、介词（preposition）、限定词（determinative）、从属连词（subordinator）、并列连词（coordinator）、感叹词（interjection）。限定词使用"determinative"而不是"determiner"。

关于词组的分类，Huddleston and Pullum（2002：22-23）是这样划分的：动词词组（verb phrase）、名词词组（noun phrase）、名词性词组（nominal phrase）、形容词词组（adjective phrase）、副词词组（adverb phrase）、介词词组（preposition phrase）、限定词词组（determinative phrase）如"almost every"。这里讲到的名词性词组指的是名词以及和名词紧密结合的其他词一起组成名词性词组，例如"clear case of dedication to duty"。名词性词组加上限定词以后就构成名词词组，例如，名词性词组加上限定词"this"，"this clear case of dedication to duty"就成为名词词组。

我们在上面简要回顾了被 Fawcett（2007）誉为三本综合语法书对于词和词组的分类。可以看出，词组在三部语法书中占有重要地位。当然了，词有词汇学、形态学，句子有句法学，词组和短语还没有词组学或短语学一说，但事实上词组的研究是句法学的重要组成部分，尽管句法学的核心是小句或句子。总结起来，词组主要是名词词组、动词词组、形容词词组、副词词组和介词短语。其他的词组无论是内部结构还是其句法功能都相对简单。前四个词组因为和实词有关，而介词短语是由两部分组成的，典型的介词短语就是由介词或者介词词组再加上名词词组作为补语组成的。

既然我们要从系统功能语言学角度进行研究，我们在这一部分仔细分析一下系统功能语法对于词和词组的分类。

根据 Halliday（1994/2000）的划分，英语的词分为八类，分别为名词（noun）、动词（verb）、形容词（adjective）、副词（adverb）、数词（numeral）、限定词（determiner）、介词（preposition）和连词（conjunction）。

我们再来看看词组的分类。词组是由词和词按照一定的规则组成的，但是词组和短语类别却和词的类别不是一一对应的。也就是说，并不是每个词都对应一个这一词类的词组。但是，英语词组的分类还是基本按照词组的分类来进行的。确切地说，词组的分类基本根据性质和功能进行分类，而没有像词语一样除了按照功能性质还可以按照结构进行分类。下面的部分我们会看到汉语的词组一般按照内部结构和整体的句法功能进行分类。

根据 Halliday（1994/2000）的划分，词分为八类，但是词组和短语分为六类，词组则分为名词词组（nominal group）、动词词组（verbal group）、副词词组（adverbial group）、连词词组（conjunction group）、介词词组（preposition group），共五类，还有介词短语（prepositional phrase）。这里所讲的名词词组、动词词组和副词词组，它们本身分别用了形容词 "nominal" "verbal" "adverbial" 作为修饰语，但是连词词组和介词词组却又用了名词 "conjunction" 和 "preposition" 作为修饰语。而上面我们看到的大都用名词 "noun" "verb" "adverb" 作为修饰语。Thompson（1996/2000，2004/2008，2014）还有一个形容词词组（adjectival group）。Halliday（1994/2000）则认为形容词词组是名词词组再细分的结构，属于名词词组的类别。同时，上面三部语法书讲到的介词词组也好，介词短语也好，其内涵和 Halliday（1994/2000）讲的介词短语的内涵相同，却和介词词组不同。

词组和短语不同的是，词组一般是向心结构（endocentric construction），向心结构总是有一个中心。短语仅限于介词短语，和小句一样，是离心结构（exocentric construction），没有中心。所以，我们认为区别词组和短语还是有必要的。Halliday（1994/2000：180）指出词组是词的扩大，而短语是小句的缩小。就介词词组和介词短语而言，例如

"right under"是一个介词词组，"under"是中心语而"right"是修饰语。"under the desk"则是一个介词短语，是由介词"under"和其补语"the desk"这个名词词组共同组成的。同样，"right under the desk"也是介词短语，是由介词词组加上补语名词词组构成的。更多关于向心结构和离心结构的论述，参见Bloomfield（1933/2001：203-206）。更多关于词组和短语的精密度分类，参见Morley（2000）。

由此可见，词组和词不是完全对应的，也就是说不是每一个词都对应相应的词组。此外，对于词组和词的分类，基本上从功能角度考虑。其他功能语言学家还有别的划分法。例如，加的夫语法（如Fawcett 2000，2008a，2008b）的词组分为名词词组、介词词组（prepositional group）、数量词组（quantity group）、质量词组（quality group）、介词词组和Halliday（1994/2000）讲的介词词组不同，而是和介词短语的内涵相同。但是有一个共同点，都有名词词组作为补语。

因为词组是由词组成的，词是由语素组成的，所以我们为了搞清楚词组的类别，用了大篇幅理清语素和词的类别。至于小句和句子的类别更加复杂，而且和词组的结构关系不是很密切，我们暂时不做回顾。但是，讲到词组的功能，则离不开小句，因为词组大多在小句中扮演角色，因此我们将在词组的句法功能部分加以回顾和阐明。

需要指出的是，词类（word class）不同于词的分类（classification of words）。后者一般指像可变化词、不变化词、语法词、词汇词、封闭词类等。

2.3.3 英语名词词组基本结构

词的内部结构是形态学（morphology）研究的对象，而词组和短语的结构则属于句法研究的范畴。句法的规则就是把词组成词组／短语，进而把词组／短语组成小句和句子（Fromkin，Rodman and Hyams 2017：77）。句法学就是研究句子内部各个成分之间的关系以及各个成分内部的关系。词的内部结构比较复杂，但是词的数量在理论上讲是一定的，尽管不好说英语中确切有多少个词，但是理论上讲一定是有个数的。但是，词组和句子在理论上讲是无数的，永远没法说清楚英语中有多少个词组，多少个句子。因此，句法结构要比词的结构复杂得多。

英语名词词组是非常复杂的，可以这么说，在所有的词组中，名词词组的结构是最复杂的。虽然词组是由词组成的，但不是由词随意组成的。词和词按照一定的规则，组成在语义上连贯的单位，而且在小句中能承担角色的单位才是词组。没有语义上的联系或者连贯，词堆在一起只能是词的集合，而非词组。英语名词词组的基本结构是：前置修饰语＾中心语＾后置修饰语。中心语一般是名词或者相当于名词的词，是必不可少的部分，也是词组之所以成为名词词组而不是其他类别词组的关键。前置修饰语和后置修饰语可以是句子和其他词组，也可以是词。

例如，我们看下面的例子（例 2-1）：

（2-1）*The tall girl standing in the corner who became angry because you knocked over her glass after you waved to her when you entered* is Mary Smith.

选自 Quirk *et al.*（1985：1238）

这个句子中整个斜体部分是整个小句的主语，它本身是一个名词词组，"girl" 是中心语，"the tall" 是前置修饰语，后面的是复杂的后置修饰语。所以我们可以看到，整体分析基本结构就是三部分：前置修饰语＾中心语＾后置修饰语。如果我们做精密度分析（delicacy analysis），"standing in the corner" 是一个非限定小句，"who" 引导的关系小句是和这个非限定小句并列的成分，修饰中心语，同时作为后置修饰语（Qualifier）。但是关系小句中又套有几个做附加语的小句。前置修饰语 "the" 是指称语（Deictic），"tall" 是描述性修饰语（Epeithet）。但是 "tall" 本身还可以扩展为形容词词组如 "very tall" 中的 "very" 是修饰语，而 "tall" 是形容词词组的中心语。指称语（Deictic）和描述性修饰语（Epeithet）是悉尼语法的术语，与加的夫语法的功能标签有所不同，但是内涵一致，分别对应加的夫语法中的指称限定语（deictic determiner，dd）和修饰语（modifier）。

如果用加的夫语法画一个树形图，则非常清楚，见下图（图 2-1）。我们在这个图中直观地理清小句内部以及复杂的名词词组内部各个成分之间的相互关系。关于加的夫语法树形图做句法分析的标签以及符

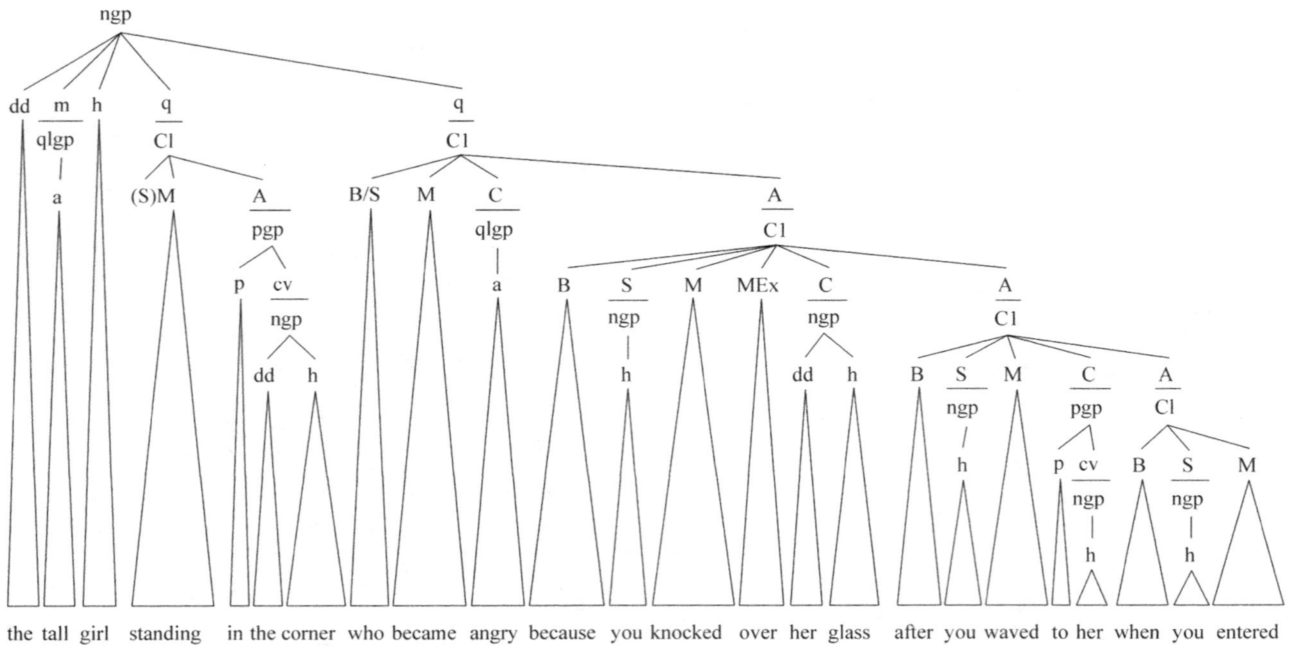
ngp
dd
m
qlgp
a
h
q
Cl
(S)M
A
pgp
p
cv
ngp
dd
h
q
Cl
B/S
M
C
qlgp
a
A
Cl
B
S
ngp
h
M
MEx
C
ngp
dd
h
A
Cl
B
S
ngp
h
M
C
pgp
p
cv
ngp
h
A
Cl
B
S
ngp
h
M
the tall girl standing in the corner who became angry because you knocked over her glass after you waved to her when you entered

图 2-1　复杂名词词组功能句法分析

（注：ngp = nominal group 名词词组；dd = deictic determiner 指称限定语；m = modifier 修饰语；qlgp = quality group 质量词组；a = apex 质量词组中心语；h = head 名词词组中心语；q = qualifier 后置修饰语；Cl = clause 小句；（S）= Covert Subject 隐含主语，S = Subject 主语；M = Main Verb 主要动词；A = Adjunct 附加语；pgp = prepositional group 介词词组；p = preposition 介词；cv = completive 介词补语；B = Binder 连接语；C = Complement 补语；MEx = Main Verb Extension 主要动词延长成分）

号的意义，我们将在后面的章节做较详细的回顾、解释和说明。关于
加的夫语法的详细内容，可以参见本书列出的关于加的夫语法的相关
文献。

　　和悉尼语法不同，加的夫语法在树形图句法分析中使用简写的功能
标签，小句的功能标签用大写字母，而词组和短语的功能标签用小写字
母。斜直线表示组成关系（is composed of），横线表示填充关系（is filled
by），正三角形表示说明关系（is expounded by），而"B/S"中的"/"表
示重合关系（is conflated with）。

2.4　汉语的语法范畴

2.4.1　语法单位

　　从文献上看，汉语的语法单位基本上和英语差别不大，分为语素、
词、词组、句子（朱德熙 2001；刘月华、潘文娱、故铧 2007）。这一部分，
我们对照英语的语法单位，简要说明汉语中的语法单位。关于汉语系统
功能语法研究，可参见 Li（2007），彭宣维（2011），何伟、张敬源等
（2015）等。

　　和英语相同的是，语素也是最小的语法单位，而且是具有意义的最
小语法单位。汉语的语素大多是单音节，双音节语素和多音节语素较少。
例如，"玻璃""葡萄"是含有双音节的语素。个别音译的语素可能有多
个音节，例如，"乌鲁木齐"。"呼和浩特"似乎有点像词组，因为类似
的还有"乌兰浩特""巴彦浩特"。"浩特"像是中心语，而"呼和""乌
兰""巴彦"像是前置修饰语，很像词组的结构。但是，"浩特"一般没
有单独使用的时候。"呼和浩特"是一个词，而其中的"呼和"和"浩特"
分别是两个双音节的语素，说它们是语素，因为它们都有特定的意义。
同时，这两个双音节的语素是黏着语素，因为它们分别可以和别的语素
组成词，例如，"乌兰浩特""巴彦浩特""呼和塔拉"等等。"呼和浩特"
这个词中，"浩特"是词根语素（root morpheme）。

　　语素既然是最小的语法单位，自然不可以再切分成更小的具有意义的单位。但是，语素和别的语素按照一定的规则组合成更大的单位，就是词。传统意义上讲，自由语素可以直接构成词，但是黏着语素自己不能单独成词，必须和别的语素一起构成词。词是"最小的有意义的能独立运用的语言单位。所谓能独立运用，是指能单说或能单独（不必与另一些特定的语言成分结合）进入句子"（刘月华、潘文娱、故韡 2007：2）。如果说词是最小的能独立运用的语言单位，是可以理解的。更确切地说，除了能够单独进入句子，单独进入词组也可以。词和句子中间还有一个语法单位，就是词组。按照 Halliday（1994/2000：180，215）的观点，如果说句子是由词直接组成的，则忽略了中间单位。另一方面，现代汉语中也有偶尔夹杂古汉语的用法。"人民"是一个词无疑，但是"民"不可以是一个词吗？"执政为民"中的"民"是一个词。使用级阶的概念更容易区分不同的词以及给词下定义。词就是在级阶上位于语素和词组或短语中间的一级语法单位。因此，如果向上看，能够在词组或者短语中独立充当成分；向下看，可以区分成由不同的语素组成，这样的语法单位就是词。

　　词组就是由词和词按照一定的规则组成的语法单位。大部分的文献认为词组和短语是一个意思，没有实质的区别。我们因为用系统功能语言学作为框架，因此采用"词组"这种说法。汉语的语素、词、词组的界限不像英语那样明显，主要和词语本身、句法结构、语义，甚至需要借助特定的语境或者要表达的意义来确定。但是，如果是词组，则组成词组的成分是词或者自由语素。例如，"老师""老鼠""老婆"这些是词而不是词组，如果是词组的话，这些都是名词词组，那么"老"就是一个词，而且是修饰语，那么"师""鼠"和"婆"都是中心语。修饰语是由实在的词汇意义（lexical meaning）的，但是这里的"老"其实没有词汇意义，不是"old"的意思，和年龄没有关系，只有语法意义（grammatical meaning），也就是说"老"是语素，而且是黏着语素，单独分离出来是没有词汇意义的，只有和其他语素一起共同构成词。因此"老"和"师""鼠""婆"都是语素，合起来成为一个词。"老老师"而不是"年轻老师"，这里的"老"就是一个修饰语，要么是年龄大，要么是资历老，因此"老老师"就是一个词组。同样，"小老鼠"是一个词组，"小"是修饰语，和"大老鼠"相对。"老婆"的"老"也和年龄没有关系，旧社会讲的"大老婆""小老婆"则是词组。

　　词组是组成句子的单位。语素是能够表达意义的最小的语法单位，句子是能够表达完整意义的最小语法单位。从级阶的角度看，词组是在级阶上位于词和小句中间的一级语法单位，和词的概念类似，词组向下可以切分成是由词组成的，向上可以在小句中充当成分。当然，作为小句成分的词组有可能只有中心语。同时，针对汉语的具体情况，"的"字结构也是名词词组的一种，因此，作为小句成分的名词词组也可能是"的"字结构。

2.4.2　单位类别

　　每个单位都有自己的类别。分类的标准大致是根据内部各个成分之间的关系以及整体的句法功能。英语的词类比较明确，很多不需要依赖语境也可以确定，但是汉语的词类则不同，有时候还要借助语境。例如，"生活"是什么词呢？需要视具体的语境加以确定。"我们生活在这片土地上"中"生活"是动词，而"生活给了我们写作的素材"中的"生活"则是名词。而英语中，"生活"的动词是"live"，名词是"life"，一看词就知道词类，不用借助语境。关于汉语名词词组内部结构中的词类转换问题，参见张薇薇、李满亮（2017a）。

　　——语素

　　汉语的语素分类一般按照音节，分为单音节语素、双音节语素、多音节语素。语素一般和汉字对应。和英语的语素类似，汉语的语素也是最小的意义单位，当然这个意义也是指广义的意义，包括词汇意义（lexical meaning）、语法意义（grammatical meaning）、文体意义（stylistic meaning）、语域意义（register meaning）、语境意义（contextual meaning）等等。

　　——词

　　词的分类一般按照句法功能和词汇意义。汉语有实词和虚词之分，类似英语的内容词（content word）和功能词（function word）。例如刘月华、潘文娱、故韡（2007：4）把名词、动词、形容词、数词、量词、代词、副词称为实词，而虚词包括介词、连词、助词、象声词、叹词。这样的分类主要是根据词的语法功能。至于单纯词、合成词、单语素词、双语素词、多语素词等类似的分类则主要是根据词的构成进行。

我们有必要从屈折性角度对英语和汉语词进行简单的对比讨论：

第一，英语的可变化词（variable words）主要包括名词、动词、形容词和副词，而所谓可变化指的就是屈折变化。名词有数（number）即单数和复数的屈折变化，格（case）即所有格和普通格的屈折变化，例如"teacher"是普通格，"teacher's"是其所有格。动词存在时（tense）体（aspect）态（voice）的屈折变化，如动词"go"是不定式，"went"是过去时，"gone"是完成体，"going"是进行体。及物动词还有主动语态和被动语态的变化。同时，动词还有人称（person）和数的屈折变化，例如"go"和"goes"的不同在于"goes"是第三人称单数形式，而"go"是其他人称的单数形式以及复数形式。形容词和副词有比较级（comparative degree）和最高级（superlative degree）的屈折变化，例如，"good""better""best"是形容词"good"的原级、比较级和最高级的变化，副词"fast"的比较级"faster""fastest"都是屈折变化形式。

第二，和欧洲其他屈折语言（inflecting language）如德语、法语、芬兰语等语言相比，英语的屈折变化整体是比较简单的。和英语不同的是，汉语不是屈折语言，词一般不会随着句法功能的不同发生屈折变化（Li 2007：21）。例如，"老师"一词，无论是做主语、宾语、补语、定语或者修饰语等都不会发生形态的变化。而复数可以通过加"们"变成复数，即"老师们"是复数。复数也可以通过加数量词，如"两个老师"。但是"两个老师"一般不认为是一个词，而是一个词组。此外，"们"也不是所有的名词都可以加"们"构成复数，例如不可以说"电脑们""桌子们"。所有格可以通过加"的"来构成，例如"老师的（办公室）"。英语说"They are teachers.""Teacher"必须变成复数。但是汉语不可以说"他们是老师们"，只说"他们是老师"。这里的老师不能变成复数形式。

名词如此，动词、形容词、副词等词都是如此。例如，动词"爱""我爱你 I <u>love</u> you.""老师爱学生 The teacher <u>loves</u> his students.""学生们爱老师 The students <u>love</u> their teacher""明天我依然爱你 I <u>will still love</u> you tomorrow.""过去我一直爱你 I <u>loved</u> you in the past."等等，都没有形态的屈

折变化。英语则要有一般时、第三人称单数、过去时、将来时的相应变化。

第三，作为名词的精密度类别的人称代词（personal pronoun），英语和汉语也有不同。英语人称代词有格（主格"I"，宾格"me"，形容词性所有格"my"，名词性所有格"mine"，反身代词"myself"）、人称（第一人称"I"，第二人称"you"，第三人称"he""she""it"）、数（单数"I"，复数"we"）的屈折变化。第三人称单数有性（gender）即阳性"he"、阴性"she"、中性"it"的屈折变化，但是复数没有性的变化，都是主格"they"和宾格"them"。

汉语的人称代词有第一人称、第二人称、第三人称的变化（"我""你""他"），也有单数和复数的区分（"我""我们"）。第三人称单数和复数都有性的变化（"他""她""它""他们""她们""它们"）。和英语不同的是，汉语人称代词没有格的变化，例如，"我"主格、宾格、所有格都是"我"。此外，汉语第二人称单数有尊称的变化"您"，但是复数没有尊称，一般不说"您们"。而英语没有尊称的变化，第二人称主格和宾格只有"you"。

——词组

从文献上看，汉语中在级阶上位于小句和词中间的一级语法单位有三种说法：结构、词组、短语。对于这一级语法单位的分类标准主要是根据整体的语法功能和内部结构进行。我们只列举几种分类，并通过举例加以说明：

胡裕树（2011：302-308）把实词和实词组合而成的**词组**分为：偏正词组、后补词组、动宾词组、主谓词组、联合词组、同位词组、连动词组、兼语词组。

刘月华、潘文娱、故铧（2007：7-10）分为几种类型的**短语**：名词短语、动词短语、形容词短语、主谓短语、介词短语、的字短语、固定短语。这样的分类基本是按照整体的语法功能进行的。

朱德熙（2001）区分了几种**结构**：偏正结构、述宾结构、述补结构、主谓结构、联合结构、连谓结构。

张斌（2010：266-375）采用了"短语"这一术语来表示词与小句中间的这一级语法单位，认为"词组"和"结构"这两个术语都有一定的欠缺。而"短语"能够概括各种情况，比另外两个说法更能反映这一级语法单位的性质。根据结构类别，短语分为十一类：偏正短语、述补短语、主谓短语、联合短语、同位短语、连动短语、兼语短语、量词短语、方位短语、介词短语、"的"字短语（同上：280）。根据功能分类，把短语分为体词性短语、谓词性短语和加词性短语（同上：284）。这样的分类也和词的分类相匹配。

我们认为，用"结构"表示词组/短语这一级语法单位太过模糊，不够明确。根据我们在上面综述 Halliday（1961/2007）关于语法范畴的论述，结构是和一定的单位相匹配的，结构就是某一个单位的结构。词有词的结构，句子有句子的结构，音节有音节的结构，词组和短语都有各自的结构。结构和单位、系统、类别一起构成语法范畴。因此，还是词组和短语更为明确。此外，按照 Halliday（1994/2000）的观点，词组是词的扩大，短语是小句的缩小。作为扩大的词组，是向心结构，总有一个词是核心，其他成分是修饰语。而短语既然是小句的缩小，就没有一个核心，是离心结构。我们看到，英语中关于"group"和"phrase"，大多数学者不加区别，认为二者相同。实际上，我们认为作区别还是有必要的。这本身就是对词和小句中间的这一级语法单位的精密度划分。

偏正词组是向心结构，一般有一个中心语、一个修饰语，修饰语一般是依赖于中心语的，如"英雄气概""群众的智慧""十分热烈""紧张地劳动"；后补词组，形容词和动词后面加一个补充的成分，补充成分是依赖主要成分的，如"干得好""高兴地跳起来"；动宾词组，很明显是动词加上宾语组成的结构，如"讨论问题"；主谓词组，由逻辑上的主语加上谓语组成的结构，如"大家讨论"；联合词组，指的是在组成词组的各个部分之间的关系是并列的、选择的、平行的，没有所属关系，如"调查研究""伟大而质朴""今天和明天""北京、上海和广州"；同位词组，类似英语中的同位语，如"中国的首都北京""他们俩"；连动词组，顾名思义，是几个动词连用构成的词组，如"走进来坐下""拿笔写字"；兼语词组，就是动宾词组和主谓词组组合在一起，例如"使他相信"中"使他"是动宾结构，"他相信"是主谓结构，这里的"他"兼做前后两个结构中的成分。

我们可以看到，这几种结构分别和上面讲到的词组的内涵是一致的、相同的。分别对应偏正词组、动宾词组、后补词组、主谓词组、联合词组、连动词组。

按照 Halliday（1994/2000）的观点，词组是词的扩大，短语是小句的缩小。在以后的章节中，我们也遵循这样的原则区别词组和短语，它们二者是级阶中位于词和小句中间的同级语法单位，但是其内涵和结构略有不同。

偏正词组比较典型，有一个成分是中心语，其余的成分是修饰语。偏正词组可能是名词词组、动词词组、形容词词组、副词词组。所谓的动宾词组、后补词组、主谓词组，总是有两个部分组成，没有哪个成分是核心，属于离心结构。类似上面讲到的英语中的介词短语。连动词组也是有两部分组成的，如果只有一部分，则无法"连动"，也可以看作是动词词组复合体。因此，这些词组实际上是短语。同时，这些类型的词组都不可能是名词词组。联合词组是词和词或者词组和词组的联合，这样就有名词词组。同位词组基本上以名词词组居多。

2.4.3　汉语名词词组基本结构

我们在上面讲到了英语名词词组的**基本**结构由三部分组成：中心语、前置修饰语、后置修饰语。这一部分我们简单分析一下汉语名词词组的**基本**结构，关于英汉名词词组具体复杂的内部结构，我们将在下一章详细探讨。

从概率角度看，和英语名词词组结构相比的话，汉语名词词组的基本结构是前置修饰语加上中心语，修饰语后置的情况较少。主要结构是这几种：偏正结构、联合结构、的字结构、同位语结构。例如：

（2-2）木头房子（偏正结构）
（2-3）老师学生（联合结构）
（2-4）我们的学生（的字结构）
（2-5）我们学生（同位结构）

"木头房子"是一个偏正结构的名词词组，是典型的向心结构，是木头房子,不是石头房子或者别的类型的房子,"木头"是类别语（Classifier）；第二个名词词组是一个联合结构的名词词组,或者说是词组复合体,"老师"和"学生"在词组中的地位是一样的,任何一个和整体的句法功能都是一样的,"老师""学生"和"老师和学生"的句法功能都是相同的；第三个词组和第四个词组只差一个"的",但第三个词组是偏正结构,"我们的"学生,不是"你们的"学生,也不是"他们的"学生,而第四个词组是同位结构,例如"这个事情'我们学生'做,'你们老师'指导一下就可以"。

　　和英语名词词组结构类似,汉语的名词词组也可以有"Deictic 指称修饰语,Numerative 数量语,Epithet 描述性修饰语,Classifier 类别语,Thing/Head 事物 / 中心语"等成分。例如"中国共产党第十九次全国代表大会"这个名词词组中,"中国共产党（Deictic）第十九次（Numerative）全国（Epithet）代表（Classifier）大会（Thing）",只是没有后置修饰语。关于汉语名词词组后置修饰语问题,我们将在第三章进行探讨。此外,汉语名词词组也有非连续现象,我们将在专门章节进行讨论。

　　和词类一样,汉语名词词组的确定有时也需要依赖具体的情景语境（context of situation）或者上下文语境（context of cotext）,如"科学发展"可以是名词词组,意思是相当于英语的"scientific development"；也可能是主谓短语,相当于英语的"the science develops"；也可能是动词词组,相当于英语的"scientifically develop"。

2.5　词组复合体

　　词和词按照一定的规则组成词组或者短语,那么词组和短语按照一定规则组成的结构,又不是小句,那是什么呢? 大多数语法中仍然当成是词组或者短语。例如,"语文老师和自己的学生"仍被看作名词词组、联合词组。按照系统功能语言学的观点（如 Halliday 1994/2000）,则是词组复合体（group complex）和短语复合体（phrase complex）。例如：在"We can read books in the library or in the classroom." 这个小句中,"in the library or in the classroom" 就是由连词"or"连接起来的介词短语复合体

（prepositional phrase complex）。"the teacher and the students"是一个名词词组复合体（nominal group complex）。"John loves Mary, and Mary loves John."和"When I was young, I'd listen to the radio."分别是并列型和从属型的小句复合体，参见 Thompson（1996/2000），Bloor and Bloor（1995/2001，2004，2013），Halliday（1994/2000），Halliday and Matthiessen（2004/2008，2014），黄国文（2000b），何伟、高生文（2011）。我们将在后面专门章节（第十章）探讨英汉名词词组复合体的问题。

2.6 结语

我们发现，英语和汉语的名词词组在很多地方是有重合的。例如，英语词组的分类按照结构分类的情况较少。但是，英语的名词词组是典型的偏正结构，所有的修饰语，无论前置还是后置，总是围绕一个中心语。而联合结构的名词词组就是词组复合体，其句法功能是一致的。偏正结构或者联合结构在内涵上和向心结构是一致的。

通过研究，我们可以得出如下结论：（1）英汉名词词组都是围绕中心语进行的，众多语言学和语法的流派尽管在很多方面都有各自的特点和侧重点，但是在这一点上高度一致。结构语言学和功能语言学如此，加的夫语法和悉尼语法亦如此；（2）加的夫语法认为中心语体现文化分类（cultural classification）是一个很新颖的定义，对于汉语名词词组也适用；（3）区分词组和短语对汉语和英语都是必要的，有助于做句法分析和理解特定结构；（4）使用级阶的概念区分不同的语法单位更加明确，级阶理论和直接成分分析法本质上是一致的；（5）英语的语法单位基本上比较明确，但是汉语的语法单位的确有时要依赖具体语境；（6）英语的屈折性变化和德语、法语等语言比起来要少得多，但是汉语是非屈折语言，屈折变化很少或者有的情况基本没有；（7）英语名词词组和汉语名词词组基本结构的最大区别在于汉语名词词组后置修饰语的情况较少，属于特殊结构；（8）尽管句法功能和语篇功能可能一致，但是词组复合体从结构上讲是和词组不同的结构，复合体对于更加明确理解和解释句法结构是必要的概念。

第三章 英汉名词词组功能结构对比

3.1 引言

从本章开始的三章主要分析英汉名词词组的内部结构。本章主要是分析名词词组的宏观结构和普遍的结构，接下来的两章将分析英汉名词词组的特殊结构。我们的理论框架是系统功能语言学，因此句法分析是系统功能句法分析，和结构语言学的分析不同。但是，句法分析显然离不开对于结构的分析。正如 Fawcett（2008a：72）指出，句法分析的目的就是理清句子内部谁和谁组合构成意义单位（who goes with whom to form a meaningful unit）。我们的系统功能句法分析要分析的是英汉名词词组的功能结构（functional structure），因此我们和系统功能语言学的纯理功能相匹配，从经验，逻辑和语篇三个角度进行。对于从人际角度分析词组，我们在本章暂时不做探讨。

需要指出的是，对于英汉名词词组的内部结构而言，经验和逻辑角度都是围绕事物（Thing）和中心语（Head）进行的，确定中心语是首要的第一步，而语篇角度则是从探讨主位（Theme），即信息的起点（the starting point of Information）开始的。虽然 Halliday（1994/2000）论述的主位主要是讨论小句中的主位，是以小句为基础分析的，但是对词组分析，尤其是内部结构非常复杂的名词词组的分析也是有借鉴意义的。

3.2 纯理功能

系统功能语言学是普通语言学理论（黄国文 2007a），是由很多部分组成的，如纯理功能理论（又称元功能理论）、系统功能句法、语域理论、语法隐喻等。其中纯理功能（metafunctions）是核心部分。我们简要做一个回顾和说明。按照 Halliday（1985，1994/2000），Halliday and Matthiessen（2004/2008，2014），Thompson（1996/2000，2004/2008，2014）的观点，语言有三个纯理功能，即概念功能（ideational metafunction）、人际功能（interpersonal metafunction）、语篇功能（textual metafunction）。概念功能又可以细分为经验功能（experiential metafunction）和逻辑功能（logical metafunction）。这四个功能是系统功能语言学总结出来的抽象的语言功能，也就是说我们用语言来做什么。经验功能表明，我们用语言来表达对世界的经验，包括我们内心世界的经验；逻辑功能的意思是说，我们用语言来表明信息之间的逻辑关系；人际功能指的是我们用语言来建立和维持人际关系；语篇功能则指的是我们用语言来组织信息。这几个功能是语言的语义部分，通过词汇语法来体现。在小句层面和在词组的层面做功能句法分析都有不同的方法。

我们举例来说明一下：

（3-1a）I met an old friend when I was walking on the campus this morning.

（3-1b）When I was walking on the campus this morning, I met an old friend.

（3-1c）This morning, I met an old friend when I was walking on the campus.

三个纯理功能是三个角度的意义（three strands of meaning）集中在一个小句中，或者说是同一个小句可以从三个角度来分析。英语名词词组是围绕中心语进行的，而英语小句主要是围绕主要动词进行的。

从逻辑角度看，（3-1a）、（3-1b）和（3-1c）是三个从属型的小句复合体（hypotactic clause complex），其中"I met an old friend"是控制小句（dominant clause，α），这在三个小句复合体都是一样的。（3-1a）和（3-1b）中的"When I was walking on the campus this morning"是依赖小句（dependent clause，β），名词词组"this morning"是依赖小句的成分。（3-1c）中，"when I was walking on the campus"是依赖小句，而"this morning"是控制小句的成分。

从经验角度看，"I met an old friend"这个小句的主要动词"met"体现的是物质过程（Material Process），其他成分都是这个过程的参与者（Participant），名词词组"I"是动作者（Actor），名词词组"an old friend"是目标（Goal），小句"when I was walking on the campus this morning"在（3-1a）和（3-1b）中都是环境成分（Circumstantial Elements），不因小句的顺序而改变。这个作为环境成分的小句中，主要动词"walking"体现的是物质过程，而"this morning"是这个小句的环境成分。（3-1c）略有不同，"this morning"和"when I was walking on the campus"都是物质过程"met"的参与者，都是小句"I met an old friend"的环境成分，表明过程发生的时间。

从人际角度看，"I"是主语（Subject），"met"是谓体（Predicator），"an old friend"是补语（Complement），（3-1a）和（3-1b）中的"when I was walking on the campus this morning"以及（3-1c）中的"when I was walking on the campus"和"this morning"都是附加语（Adjunct）。

以上从逻辑、经验、人际角度的分析可以看出，小句的前后顺序并不一定会影响其在整体结构中的功能。但是，从语篇角度分析，三个小句复合体的主位结构（Thematic Structure）截然不同。

表3-1　小句复合体的主位分析

I	met an old friend when I was walking on the campus this morning.		
主位 Theme	述位 Rheme		
When I	was walking on the campus this morning,	I	met an old friend.
主位	述位	主位	述位
主位		述位	
This morning,	I met an old friend when I was walking on the campus.		
主位	述位		

主位（Theme）是信息的起点，就是小句要涉及的内容（Halliday 1994/2000：34，37，38），而述位（Rheme）是对主位的进一步描述和阐释。主位分析的意义在于，虽然小句或者小句复合体的概念意义相同，但是强调和突出的重点不同。这一点对于其他语法单位也是一样的，不

仅限于小句。Thompson（1996/2000：76）指出，语言反映了我们对世界的观点。Halliday（1994/2000：106）也认为语言使得人类能够对现实世界进行心理上的描绘。黄国文（2001a：44）指出，语言使用中任何选择都是有意义的。

结合上面的例子，三个小句复合体描述同样的概念内容，但是看的角度和侧重点不同。（3-1a）由主语充当主位，作为信息的起点，主要描述"I"做了什么事情。（3-1b）是表示时间的小句附加语充当主位，描述的是"我早晨在校园里走路的时候"发生了什么事情，这个是整体的分析。再对里面的两个小句做局部精密度分析的话，"When I"是多项主位，"when"是语篇主位，而"I"是经验主位，二者合起来作为这个依赖小句的主位。但是这个主位对于整个小句复合体的意义和别的主位不同，实质上是整个小句复合体的主位。Thompson（1996/2000：132-133）指出，如果控制小句位于依赖小句之前，则小句复合体无须做局部精密度主位分析。但是如果依赖小句在前，则依赖小句的主位实质上是小句复合体的主位。

（3-1c）是表示时间的名词词组附加语"this morning"充当主位，描述的是"今天早晨"发生了什么事情。三种结构的概念意义或者经验意义都相同，但是主位意义不同，表明什么样的选择就反映了语言使用者对这一事件看法和侧重的角度。

主位意义的观点对英汉名词词组的理解和描述都具有相同的借鉴意义，我们（李满亮 2013：127）也尝试分析了名词词组主位的问题。在下面几节我们也将对比分析英汉名词词组的主位意义的异同。

3.3 英语名词词组的经验结构和逻辑结构

3.3.1 悉尼语法模式

英语名词词组可以从经验角度进行分析，按照 Halliday（1994/2000：191）关于名词词组经验结构和逻辑结构的分析，我们略加修改，分析见表 3-2。

表 3-2 典型英语名词词组功能句法分析

nominal group 名词词组	those	two	splendid	old	electric	trains	with pantographs
lexicogrammar 词汇语法	determiner 限定词	numeral 数词	adjective 形容词	adjective 形容词	adjective 形容词	**noun** 名词	prepositional phrase 介词短语
experiential structure 经验结构	Deictic 指称语	Numerative 数量语	Epithet 1 (Attitude) 修饰语	Epithet 2 (Quality) 修饰语	Classifier 类别语	**Thing** 事物	Qualifier 后置修饰语
logical structure 逻辑结构	ζ	ε	δ	γ	β	α	β
	Premodifier 前置修饰语					**Head** 中心语	Postmodifier 后置修饰语

（3-2）those two splendid old electric trains with pantographs

Halliday 的功能语法也被称为悉尼语法。由于句法只是系统功能语言学的一部分，因此我们把系统功能语言学中的词汇语法部分冠以悉尼语法这个标题，为了叙述清楚。上面这个名词词组的内部结构较为简单，我们做一简单解读：词汇语法一栏标出的是组成这一词组各个组成部分的结构标签（structural label）。经验结构和逻辑结构两栏标出的是词组的功能标签（functional label）。名词词组的核心是事物（Thing）"trains"，左边的功能标签依次为指称语、数量语、表示态度的人际修饰语、表示质量的经验修饰语、类别语。右边的功能标签是后置修饰语。后置修饰语在经验结构中称为"Qualifier"，而在逻辑结构中称为"Postmodifier"。实际上，"Postmodifier"和"Qualifier"二者是重合的（Bloor and Bloor 1995/2001：139）。经验结构的描述事实上是对名词词组中心语的客观描述。

逻辑结构以中心语为核心，左边是前置修饰语，右边是后置修饰语，中心语用希腊字母"α"表示，离中心语左右分别用"β，γ，δ，ε，ζ"等表示和中心语之间的逻辑关系。逻辑结构表明我们用语言来表明信息和信息之间的逻辑关系。以中心语为核心，前置修饰语和后置修饰语则表明和中心语的逻辑关系。

按照 Halliday（1994/2000：188）的观点，英语名词词组的后置修饰语都有级转移（rank-shift）现象。也就是说，英语名词词组的后置修饰语一般为词组、短语或者小句。词组和短语本来是和名词词组在级阶上处于同一层级的语法单位，而小句是在级阶上比词组高一层级的语法单位，但是作为后置修饰语却成为名词词组的一个成分，因此级发生了转移。拿上面的例子来说，"with pantographs"是一个介词短语作为名词词组的后置修饰语。

除了介词短语可以作为名词词组后置修饰语，小句，限定的非限定的，都可以作为后置修饰语。这两种类型是绝大多数，但是其他词组如形容词词组、副词词组，甚至是名词词组本身也可以作为后置修饰语。如果单个词组、短语或者小句作为后置修饰语，则较为简单。较为复杂的是，这些词组、短语、小句合起来做后置修饰语，情况就较为复杂。下面我们通过举例加以说明：

（3-3） a foot path *which disappeared in a landscape of fields and trees*
（限定性关系小句做后置修饰语）

（3-4） the way *to get to our house*（to- 非限定小句做后置修饰语）

（3-5） rebels *advancing rapidly southwards*
（ing- 非限定小句做后置修饰语）

（3-6） fury *fanned by insensitive press coverage*
（ed- 非限定小句做后置修语）

（3-7） a phone *with a couple of buttons on it*（介词短语做后置修饰语）

（3-8） He was just trapped in there with apparently no way *out.*
（副词做后置修饰语）

（3-9） President Bush will reiterate he wants a smooth transition and will cooperate in any way *possible.*（形容词做后置修饰语）

（3-10） The extremely short duration varieties *common in India* were not used in West Africa.（形容词词组做后置修饰语）

（3-11） He *himself* paid two fruitless visit to the site of a camp near Torzhok.（代词做后置修饰语）

（3-12） The goat, *which had slid about during the transfer,* regarded him with bright-eyed perspicacity.（关系从句做非限定型后置修饰语）

（3-13） A converted farm building, *donated by Mr. and Mrs. Tabor,* has been turned into a study room filled with photographs and displays.
（ed- 非限定小句做非限定型后置修饰语）

（3-14） Both writing and reading are enormously complex skills, *involving the coordination of sensory and cognitive processes.*
（ing- 非限定小句做非限定型后置修饰语）

（3-15） The great tall library, *with the Book of Kells and of Robert Emmet,* charmed him.（ing- 非限定小句做非限定型后置修饰语）

（3-16）both types of eggs（diapause and non-diapause）

（同位语名词词组作为后置修饰语）

以上选自 Biber *et al.*（1999/2000：604-605）

（3-17）Theoretically it can serve as <u>a source *of ideas and insights which are of particular relevance for the formulation of principles: ideas emerging from disciplines devoted to the study of language and learning which might bear upon the definition of language as subject.*</u>

选自 Biber *et al.*（1999/2000：640）

（3-18）Peter reached out for *the well-thumbed* report *that lay behind him on the cupboard top.*

选自 Biber *et al.*（1999/2000：644）

（3-19）It was *a pleasing* thought, *that I might soon be moving in more exalted circles.*

选自 Biber *et al.*（1999/2000：646）

3.3.2　加的夫语法模式

加的夫语法的创始人是英国加的夫大学（University of Cardiff）的 Robin Powell Fawcett，根据大学所在地命名。加的夫语法属于系统功能语言学（Fawcett 2000，2006，2007，2008a，2008b；Berry, Butler, Fawcett and Huang 1996；黄国文 2003，2008a，2008b；黄国文、冯捷蕴 2002；黄国文、何伟、廖楚燕 2008；何伟、高生文等 2015；何伟、张敬源等 2015；李满亮 2013），对系统功能语言学中的词汇语法部分进行了扩展和简化（extension and simplification）（何伟、彭漪 2008；何伟、张敬源 2008），因而形成了独特的句法分析的模式。我们将从语法范畴开始，对加的夫语法的句法分析做一个简单的介绍，重点主要围绕名词词组。

加的夫语法有四个语法范畴，即单位（unit）、成分（element）、形式项（item）、位置（place）。语法单位有四个，即小句（clause，Cl）、词组（group）、字符串（cluster）、语篇（简化模式 text，"text"）。加的夫语法中，不讲小句复合体，词组分为四种：名词词组（nominal group，ngp）、介词词组（prepositional group，pgp），这里的介词词组和 Halliday（1985，1994/2000）讲的介词词组（preposition group）不同，却和介词短语（prepositional phrase）的内涵相同。另外两个是数量词组（quantity group，qtgp）和性质词组（quality group，qlgp）。字符串主要包括两种，属格字符串（genitive cluster，genclr）和专有名词字符串（human proper name cluster，hpnclr）。简化模式的语篇主要指传统讲的直接引语（direct speech）。以上单位都是语法单位，特定的语法单位体现一定的语义单位（semantic unit）。情景（situation）由小句来体现，事物（thing）由名词词组体现，情景和事物的质量由介词词组和性质词组体现，情景和质量的数量由数量词组体现。

每个语法单位是由特定的成分组成的，成分实际上是功能标签。例如，小句的成分包括主语（Subject，S）、操作词（Operator，O）、主要动词（Main Verb，M）、补语（Complement，C）、附加语（Adjunct，A）；名词词组的主要成分包括中心语（head，h）、修饰语（modifier，m）、限定语（determiner，d），有很多种类，这里的限定语是成分，而 Halliday（1985，1994/2000）指的是一种词类，挑选语（selector，v）、后置修饰语（qualifier，q）；介词词组的成分主要是介词（preposition，p）和介词补语（completive，cv）；性质词组的成分主要有中心语（apex，a）、调节语（temperer，t）、完成语（finisher，f）；数量词组的主要成分有量额（amount，am），调节项（adjustor，ad）、数量词组完成语（quantity group finisher，qgf）；属格字符串的主要成分有所有者（possessor，po）、属格成分（genitive element，g）；简化模式语篇的主要成分有句子（Sentence，Σ）、开引号（Opening Quotation Mark，OQ）、闭引号（Closing Quotation Mark，CQ）。形式项实际上就是传统讲的词和语素，而位置就是指成分在单位中的位置（Fawcett 2008a: 75）。

和以上四个范畴相关的有四种关系，即组成（componence，is composed of），在树形图中用直线或斜直线表示；填充（filling，is filled by），用横直线表示；体现（exponence，is expounded by），用等腰三角形表示；重合（conflation，is conflated with），用斜杠线（slash "/"）表示。单位由成分来组成，成分由另一个单位来填充，最后成分由形式项来体现。重合是指成分与成分之间的关系，例如 "He has finished the job." 这个句子中，"has" 既是操作词，又是助动词（Auxiliary，X），即 O/X。

　　关于悉尼语法和加的夫语法对英语名词词组描述的对比，我们曾做过一个具体的个案研究（李满亮 2009a）。这里我们不做两个语法对具体名词词组结构的对比，只把相应的核心术语做一个简单的对照，以便在以后章节中叙述和描写时能够一致和便捷。

　　第一，两种语法模式对名词词组的描述基本都是围绕中心语展开的，尽管在悉尼语法模式中认为经验结构的事物（Thing）和逻辑结构中的（Head）有时候是不对应的，例如 "a pack of cards" 这个名词词组中，从经验角度看，"cards" 是 "事物"，但是从逻辑角度看，"pack" 是中心语。关于这一点，参见 Halliday（1994/2000：195）。而在加的夫语法中，不讨论事物。我们在本研究中不严格讨论这个问题，况且大部分名词词组的中心语和事物是统一的，也就是说 "Head" 在两种模式中的内涵是一致的。

　　第二，悉尼语法和加的夫语法中名词词组的功能标签虽然不同，但仔细分析后会发现，很多对应的标签在实质上具有相同的内涵。悉尼语法中的 "Deictic"（指称语）和加的夫语法中的 "deictic determiner, dd"（指称限定语）在本质上是一致的，没有实质的区别，因此我们在使用的过程中无论用到哪一个，都是一样的；悉尼语法中的 "Numerative"（数量语）和加的夫语法中的 "quantifying determiner, qd"（数量限定语）也是相同的；悉尼语法中的 "Epithet" 对应加的夫语法中的 "modifier, m"；而悉尼语法的 "Qualifier" 和加的夫语法中 "qualifier, q" 从名称到内涵没有任何区别；悉尼语法中的介词词组（preposition group）和介词短语（prepositional phrase）是不同的概念，而加的夫语法中的介词词组（prepositional group）和悉尼语法中的介词短语的内涵是一致的。

　　第三，上面两点主要讲了两种模式分析中，英语名词词组功能基本一致的几个功能标签，但是也有各自相对独立的功能标签。悉尼语法中的 "Classifier" 在加的夫语法中没有对应的标签，类似的是 "typic determiner, td"（类型限定语），但是其内涵其实不同，后者主要指的是"this type of""that kind of"这样的表达，而前者指的是诸如"a wooden desk"中的"wooden"，是木头的不是铁的。此外，加的夫语法中关于挑选（selection）概念的引入，把英语中"of"作为普通介词和作为挑选语（selector, v）区分开来，这是对描写英语名词词组的重要突破，也给我们提供了对现有论述重新思考的思路和方法。

第四，从精密度（delicacy）角度看，加的夫语法对限定语分析的精密度较高，但是对修饰语（modifier）描述的精密度较低。从文献上看，何伟、高生文（2011），何伟、高生文等（2015），何伟、张敬源等（2015）对加的夫语法的发展、创新和改进贡献较大，尤其是用加的夫语法对汉语的句法分析和英汉语句法对比分析为我们做语言对比分析提供了很多新的思路和方法。

3.4 汉语名词词组的经验结构和逻辑结构

前面已经讲过，系统功能语言学是普通语言学理论，可以用来分析汉语。我们用上面讲到的悉尼语法模式和加的夫语法模式来分析汉语名词词组的经验结构和逻辑结构，证实系统功能语言学作为普通语言学和适用语言学理论（黄国文 2006；黄国文、常晨光、戴凡 2006）。Li（2007: 25）认为，典型的汉语名词词组的基本结构是：限定词（determiner）^ 数词（numeral）^ 量词（measure word）^ 类别词（classifier）^ 中心词（head）。根据这个观点，典型的汉语名词词组中，中心语后面没有后置修饰语。

（3-20）那两间漂亮的红色木头房子

绝大多数汉语名词词组的结构中，中心语之后没有后置修饰语（Qualifier）或（Postmodifier），这个词组也不例外。"房子"是事物 / 中心语，而它的前置修饰语有几种类别：限定词"那"是指称语（Deictic）；"两间"是数量语（Numerative）；"漂亮的"和"红色"都是形容词，作为修饰语（Epithet），前者是人际修饰语（Interpersonal Epithet），因为表示说话人的主观评价，而后者是客观的颜色，因此是经验修饰语（Experiential Epithet）；"木头"是类别语（Classifier），表示房子是木头的，不是石头等其他材料造的。这个名词词组如果用 Halliday（1994/2000）的分析，见表 3-3。

表 3-3　汉语名词词组功能句法分析：悉尼语法模式

名词词组	那	两间	漂亮的	红色	木头	房子
词汇语法	代词	数量词	形容词	形容词	名词	名词
经验结构	指称语	数量语	修饰语：人际	修饰语：经验	类别语	事物
逻辑结构	前置修饰语					中心语
	ζ	ε	δ	γ	β	α

当然，这个名词词组也可以用加的夫语法的树形图进行分析（图 3-1）。加的夫语法既然是系统功能语言学的重要模式，当然也是普通语言学理论，可以用来分析汉语名词词组。

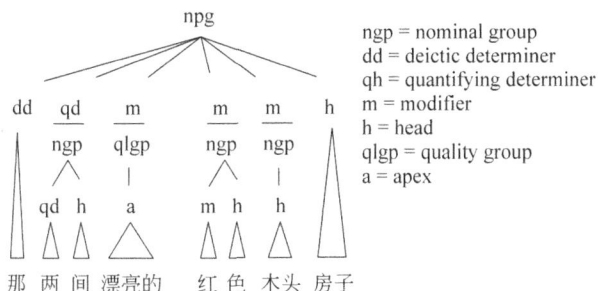

ngp = nominal group
dd = deictic determiner
qh = quantifying determiner
m = modifier
h = head
qlgp = quality group
a = apex

图 3-1　汉语名词词组功能句法分析：加的夫语法模式

我们看到，加的夫语法分析汉语的名词词组或者其他语法单位，所用的标签（label）都是英语的标签。我们用加的夫语法的分析理念和思路，但是否可以创造一套分析汉语专用的标签呢？这样一来，分析英语用英语标签，分析汉语用汉语的标签。这是我们下一步努力的方向。

从文献上看，讨论汉语名词词组后置修饰语的文献较少，因为汉语名词词组的修饰语绝大多数情况下都位于中心语之前。但是，并不是说所有的名词词组都这样。我们在这一节专门讨论一下汉语名词词组的后置修饰语情况。

（3-21）两碗米饭

（3-22）米饭两碗

（3-23）上等酒席两桌

（3-24）左右琴童人两个（见京剧《空城计》中诸葛亮的唱段）

例（3-21）"两碗米饭"是典型的汉语名词词组，"米饭"是中心语，"两碗"是表示数量的修饰语（Numerative 或者 quatifying determiner）。例（3-22）可能会有一点争议，要么是名词词组，要么是主谓词组（主谓短语）。

我们可从以下几个角度来考察这个问题。

第一，从系统功能句法的角度看，名词词组体现的是事物（Thing），而小句体现的是事件（Event），而主谓词组（主谓短语）从意义上讲，体现的是事件而不是事物，因为主谓短语两部分之间有逻辑上或者实际意义上的主语和谓体的关系，如"大家讨论"这个短语是描述一个发生的事件，而不是一个事物。

第二，从词组和短语的区分来看，词组是词的扩大，是向心结构，同时也是偏正结构。而短语是小句的缩小，是离心结构，总是由两部分组成，去掉任何一部分，整体的句法功能会发生变化。如"大家讨论"整体是主谓短语，"大家"是名词，而"讨论"是动词。无论是名词还是动词，其句法功能和主谓短语的句法功能是不同的。从以上两点来看，"米饭两碗"显然不是讨论一个发生的事件，尽管"两碗"放在了"米饭"之后，但仍然是描述"米饭"。从功能上来看，"两碗米饭"和"米饭两碗"中，"米饭"是中心语无疑，而"两碗"的句法功能也没有发生实质的改变，只是位置不同。

第三，无论是"米饭两碗"还是"两碗米饭"，其句法功能和"米饭"的句法功能是一样的。可见，"两碗米饭"和"米饭两碗"都是偏正结构的名词词组，"米饭"是中心语，而"两碗"是修饰语，只是由于位置的不同，区分为前置修饰语和后置修饰语。

基于上述讨论，例（3-23）"上等酒席两桌"也是一个名词词组，"上等"和"两桌"都是为了描述"酒席"的。因此，"上等"是前置修饰语（Epithet）或（Modifier），而"两桌"是数量语（Numerative 或 quantifying determiner）。从结构角度看，"上等酒席两桌""上等酒席""酒席两桌"和"酒席"的句法功能都是一样的，因此这四种形式都是名词词组。

例（3-24）的结构略微复杂一些，但仔细分析，仍然是一个名词词组。这个词组主要描述"琴童"，"左右"显然是前置修饰语。按照上面的分析原则，"人两个"和"两个人"都是名词词组，"人"是中心语，而"两个"是数量语。"两个人"是"琴童"的同位语，或者后置修饰语。"左右琴童人两个""左右琴童""琴童人两个"这几个结构的句法功能和中心语"琴童"的句法功能是相同的。此外，"琴童"是一个词，而不是词组。表面看起来，"琴童"和"书童"的不同之处在于"童"前面的修饰语，但是"童"一般不能单独使用，除了"书童""琴童"，还有类似"牧童""道童""儿童""童儿""童子"等。这样看来，"童"是一个语素而不是词，可以看作是词根语素。

以上的分析同时也表明，可以作为汉语名词词组后置修饰语的基本上是数量修饰语。数量修饰语在名词词组中可以位于中心语之前，也可以位于中心语之后。同时既可以位于描述修饰语之前，也可以位于描述修饰语之后。位置不影响概念意义的表达，影响的是主位意义。

3.5　英汉名词词组的语篇结构

从以上的分析中我们可以看出，汉语名词词组修饰语，无论是前置修饰语还是后置修饰语，位置相对灵活，但都是围绕中心语，是为了描述中心语的。语言在句法层面不是任意的，任何一个不同的形式都体现不同的意义。

这主要体现在两个方面：

第一，不同的词具有不同的意义，没有哪两个词的意义完全相同，总有或多或少有某一方面的不同。因为如果意义完全相同，为什么要创造不同的词呢？换句话说，不同的词本身就是不同的形式。不同的形式具有不同的意义体现在命题意义、语域意义、方言、文体等方面的区别。例如"dad"和"father"都指"父亲"，但是也有口语和书面语的区别。"much""many"和"a lot of"这些词尽管都可以指数量"很多"，但是也有正式和非正式的区别。

第二，即使是完全相同的词，如果按照不同顺序组织成不同的词组、短语和句子，这些不同的形式也会体现不同的意义。例如，"John loves Mary."和"Mary John loves."尽管主语谓语宾语都一样，但是由于顺序的不同，二者有主位意义（thematic meaning）的差别，信息的起点不同，要强调和突出的重点就有所差别。

从语篇功能角度看，下面的词组概念意义（ideational meaning）或者经验意义（experiential meaning）都相同，但是语篇意义（textual meaning）或者确切地说主题意义或者主位意义（thematic meaning）则不同，但又不是同位关系。我们（李满亮 2013：127，154）也从主位和信息分布的角度分析了英语名词词组的中的主位问题。下面我们也从主位这个角度分析一下例子。因为所举的例子都和例（3-20）相关，因此重新编号。

（3-20a）那两间漂亮的红色木头**房子**——他祖上传下来的
（3-20b）他祖上传下来的那两间漂亮的红色木头**房子**
（3-20c）那两间他祖上传下来的漂亮的红色木头**房子**
（3-20d）那两间漂亮的他祖上传下来的红色木头**房子**
（3-20e）那两间漂亮的红色木头**房子**是他祖上传下来的
（3-20f）祖上传下来的漂亮红色木头**房子**两间

例（3-20e）无疑是一个小句，而前面的四个都是名词词组，其中心语是"房子"。例（3-20a）有一个后置修饰语，而例（3-20b）、（3-20c）、（3-20d）的不同在于前置修饰语的顺序。例（3-20f）中，"两间"也是描述中心语"房子"的，因此是后置修饰语。

英语名词词组中，指称语（Deictic）通常是位于第一位的，数量语（Numerative）位于其后。我们说"those two trains"，而不是"two those trains"，如果"two"在最前面的话，则应该是"two of those trains"。"those two trains"和"two of those trains"的概念意义都是相同的，只是

由于内部词语的顺序不同，或者说内部表层结构不同，因而语篇意义，确切地说是主题意义不同。

汉语名词词组中的有些成分是可以换个顺序的。换句话说，英语名词词组中修饰语的位置一般不能随意调换，而汉语名词词组修饰语的位置相对灵活一点。这也是英语名词词组和汉语名词词组的不同。"那两间红色的房子"和"红色的那两间房子"都是正确的表达，只不过前者是普通的表达，围绕中心语"房子"进行描述，而后者是特殊的表达。共同点在于，这样的分析都是从经验的角度看的。关于英汉名词词组内部结构的语序对比问题，参见张贵超、李满亮（2017）。

试看以下的对比

—什么？	—什么？
—房子。	—房子。
—几间房子？	—什么房子？
—两间房子。	—红色的房子。
—哪两间房子？	—几间红色的房子？
—红色的那两间房子。	—两间红色房子。
	—哪两间红色的房子？
	—那两间红色的房子。

"那两间红色的房子"和"红色的那两间房子"两种结构的概念意义相同，但是主位意义不同，强调的重点有所区别。如果从语篇的角度看，排在第一位的修饰语是信息的起点，也就是 Theme，翻译成"主题"更合适。那么，如果提问的话，"那两间"是主位，"那两间什么？""那两间红色的"；"那两间红色的什么？""那两间红色的房子"。而后者"红色的"是主位，"红色的什么？""红色的那两间"。"红色的那两间什么？""红色的那两间房子"。由此可见，主位意义和表达的先后顺序有密切关系，主位就是主题，主题不一定和经验结构的事物以及逻辑结构中的中心语完全对应。正如小句，经验结构中的核心是过程，人际结构中的核心是谓体，但不一定都和主位对应。

下面的几对结构中，（a）和（b）的概念意义是相同的，例（3-28a）

和例（3-28b）中斜体部分的英语名词词组和例（3-25）以及例（3-26）的结构类似，只是词组的主位意义不同。不同形式体现不同的意义，不同的顺序只是不同的形式，体现的概念意义相同，但是主位意义不同。例（3-27a）、（3-27b）、（3-27c）三个结构中都是名词词组，中心语都是"花"，"一朵"是数量语，即使位于中心语"花"之后，但是作为修饰语的功能没有改变。"玫瑰"是类别修饰语，"鲜艳"是描述性修饰语。三种结构的概念意义和经验意义是相同的，但是由于修饰语和中心语的位置不同，信息分布的不同，导致主位意义不同。

（3-25a）来自农村和城市的大学生

（3-25b）大学生，来自农村和城市的

（3-26a）无论来自农村的还是来自城市的大学生

（3-26b）大学生，无论来自农村的还是来自城市的

（3-27a）鲜艳的一朵玫瑰花

（3-27b）一朵鲜艳的玫瑰花

（3-27c）鲜艳的玫瑰花一朵

（3-28a）He has given me *much help, academic and non-academic.*

（3-28b）He has given me *much academic and non-academic help.*

我们在上面提到，英语名词词组修饰语的顺序相对固定，也就是说，Deictic ^ Numerative ^ Epithet ^ Classifier ^ Thing ^ Qualifier 这个顺序是相对固定的，尤其是指称语（Deictic）和数量语（Numerative），一般都位于词组的最前面。但是之后的描述修饰语（Epithet）如果有几个的话，顺序是可以调整的。例（3-29）、（3-30）中，各自（a）和（b）的概念意义/经验意义是完全相同的，都是对中心语的描述，但是指称语"a"和"an"不可以放到后面。（a）和（b）的不同之处是主位意义不同，强调的重点和突出的信息不同。

（3-29a）a small round table 一张小圆桌

（3-29b）a round small table 一张圆的小桌

（3-30a）long straight hair 长直的头发

（3-30b）straight long hair 直长的头发

（3-31a）a tall angry man 一个高个子正生气的人

（3-31b）an angry tall man 一个正生气的高个子人

中心语 / 事物是从经验角度的考察，而主位和信息是从语篇角度的考察，在中心语不变的情况下，修饰语的顺序会反映出信息的分布。例如，如果是听到这个词组的时候，例（3-30a）首先听到的是"long"，我们尚不知道接下来的信息，但肯定是能被"long"修饰的词或者其他语法单位组成的系统，可以是"line""river""hair""life"之类的词，但不可以是如"sun""moon"之类的词。然而，例（3-30b）我们最先接收到的信息是"straight"，那么之后肯定是可以被"straight"修饰的词或者语法单位组成的系统，那么"life"之类的词就不可能进入这个系统。一个是先有"长"，一个是先有"直"，导致了信息分布的不同、主位意义的不同。

3.6　结语

本章对比分析了英汉名词词组的功能结构，主要包括经验结构、逻辑结构和语篇结构。通过研究得出以下结论：（1）对英语和汉语名词词组的描述都是围绕事物和中心语进行的，修饰语无论前置还是后置都是对事物和中心语的描述；（2）从经验和逻辑角度看，英语名词词组修饰语的位置相对稳定，而汉语名词词组修饰语的位置相对灵活，尤其是数量修饰语的位置；（3）英语名词词组基本结构是前置修饰语加中心语加后置修饰语，而汉语名词词组的修饰语大都前置，后置修饰语虽少但是客观存在；（4）判断汉语名词词组后置修饰语可以从描述事件（Event）和描述事物（Thing）的角度区分，还可以从词组和短语的不同角度进行区分；（5）修饰语位置的不同导致名词词组的主位意义即强调和突出的重点不同、信息的分布不同，虽然概念意义或者经验意义相同。

第四章 英汉名词词组的非连续修饰语对比

4.1 引言

我们的研究采取从一般到特殊的方法进行。第三章谈到的是英汉名词词组的基本结构和一般的分析方法。我们在这一章探讨英汉名词词组的非连续（discontinuity）现象。非连续英汉名词词组（discontinuous English and Chinese nominal group）属于词组结构中的特殊现象，但也是语言实际使用中常见的现象。从功能句法角度看，这种特殊的结构能够体现特定的意义。我们首先简要介绍和回顾语法单位的非连续现象，接着就英汉名词词组非连续现象进行功能句法对比分析。具体地说，非连续现象实际上指的是修饰语不连续，即非连续修饰语。

4.2 语法单位的非连续现象

非连续可以体现在许多语言单位中（参见何伟、高生文等 2015：214-225；何伟、张敬源等 2015：187-194）。我们较熟悉的动词不定式分裂现象（split infinitive）和分裂句（cleft sentence）实际上也是一种非连续现象。不定式分裂指的是不定式标志词"to"和主要动词中间插入别的成分，例如附加语的现象。分裂句指的是为了突出强调小句的某一个成分，而且这个成分和句子的其他成分在原有基础上分开的情况。正因为非连续语法单位主要指的是修饰语和成分与一般的情况分离的情况，因此汉语翻译时也有的叫作分裂句或分离修饰语。我们也可以说，连续是无标记的（unmarked），而非连续是有标记的（marked），因为无标记是经常的（usual）普遍现象，而有标记是不平常的（unusual），因此有标记现象更值得研究。

例（4-1）的几个句子各自强调小句中的不同成分，因此出现主语和谓体不连续（4-1a）、谓体和补语不连续（4-1b）以及附加语和小句正常语序分离的现象（4-1c 和 4-1d）。更多关于分裂句的功能句法分析，参见黄国文（2003）。

（4-1a）It is I that met an old friend on the campus this morning.

（4-1b）It is an old friend that I met on the campus this morning.

（4-1c）It is on the campus that I met an old friend this morning.

（4-1d）It is this morning that I met an old friend on the campus.

例（4-2）这个小句中的非连续现象比较典型，不仅存在小句成分的分离，同时存在名词词组修饰语的分离。我们通过对这个小句做功能句法分析，大致看一下非连续现象的句法分析。下一节将着重分析名词词组的非连续现象。

（4-2）How he knew that the time had now come when sap should stir in trees and life begin to move in the soil he could not have told himself.

选自 陈福田编，罗选民等译（2017：002）

图 4-1 是对例（4-2）这个小句的精密度分析，运用加的夫语法的树形图，不仅看出小句中每个成分和其他成分的相互关系，还能显示出每个成分的功能标签。在分析之后，我们从几个方面对这个树形图做解读。

第一，例（4-2）这个结构，在悉尼语法中应该按照小句复合体进行分析，我们按照加的夫语法，分析如图 4-1。这是一个句子（Sentence，Σ），由小句（Clause，Cl）来填充。这个小句的控制句是 "he could not have told himself"，"he" 是主语，"could" 是操作词（Operator，O），"not" 是否定的标志（Negator，N），"have" 是助动词（Auxiliary，X），"told" 是主要动词（Main Verb，M），这个主要动词实际上有两个补语，也就是传统讲的直接宾语（direct object）和间接宾语（indirect object）。"himself"

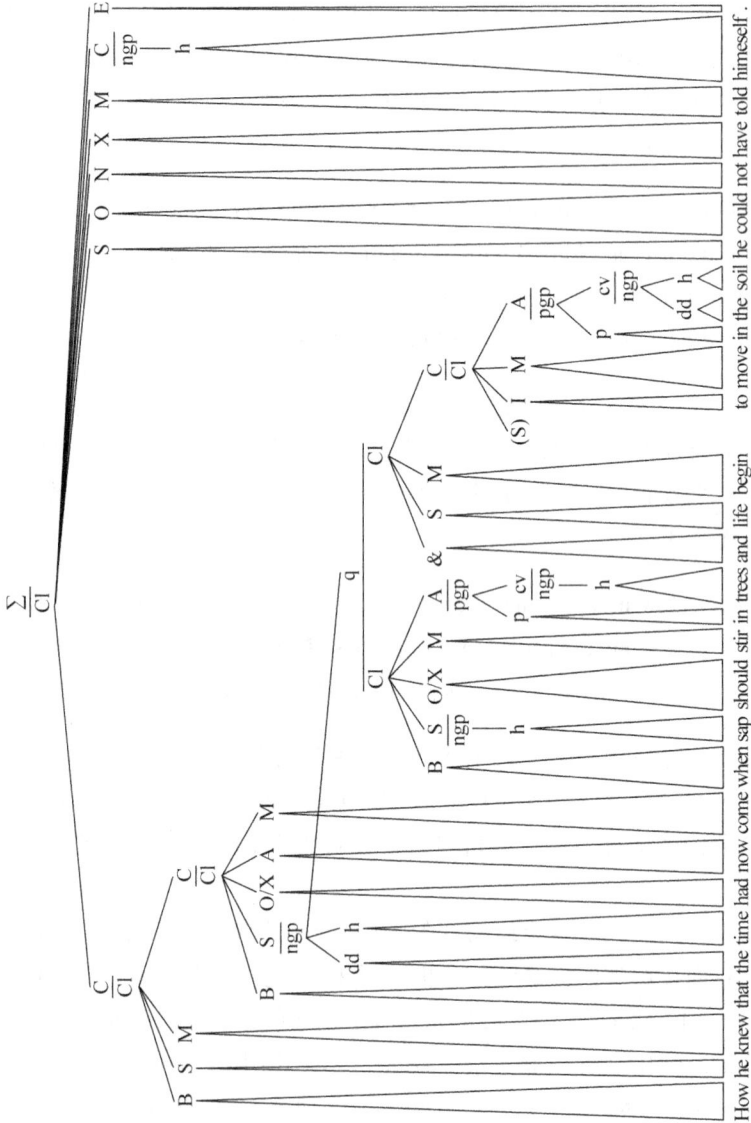

图 4-1 英语非连续补语及非连续名词词组功能句法分析

是间接补语，另外一个是直接补语，即"How he knew that the time had now come when sap should stir in trees and life begin to move in the soil"，这个虽然是补语，但是却出现了和主要动词或者间接补语分离不连续的现象，因为无标记的结构一般是"tell somebody（间接补语）something（直接补语）"，但是现在的"something"没有紧跟"somebody"，而是放在了整个小句的开头，也就是说这个直接补语充当了有标记的主位（Marked Theme），这是这个小句中的第一个非连续现象。

第二，这个充当有标记主位的直接补语由一个小句填充。这个小句中，"How"是依赖小句（dependent clause）的连接词（Binder，B），"he"是主语，"knew"是主要动词，补语是"that the time had now come when sap should stir in trees and life begin to move in the soil"这个小句。这个小句中，"that"显然是依赖小句的连接词。这个小句的主语是"the time when sap should stir in trees and life begin to move in the soil"，"had"是操作词和助动词的重合（conflation，用"/"表示）。"now"是附加语，"come"是主要动词。

第三，填充主语的名词词组由三个成分组成，"the"是指称限定语（deictic determiner，dd），"time"是中心语，"when sap should stir in trees and life begin to move in the soil"是后置修饰语（qualifier，q）。这个后置修饰语没有紧跟在中心语之后。名词词组中心语之后紧跟了小句的成分，后置修饰语位于小句的成分之后。这里后置修饰语的位置发生了变化，就产生了修饰语分离现象或者非连续的名词词组修饰语。这个后置修饰语由两个并列的小句（并列型小句复合体）填充，"when"是两个小句的连接词（B），"and"是并列小句的连接词，因此是 Linker（&）。第一个小句"when sap should stir in trees"的主语是由只有中心语组成的名词词组"sap"填充，"should"是操作词和助动词的重合，"stir"是主要动词，"in trees"这个介词词组填充小句的附加语（Adjunct，A）。第二个小句"life begin to move in the soil"中，"life"是主语，"begin"是主要动词，"to move in the soil"是补语，这个补语是一个非限定小句，有一个隐含的主语（S），"to"是不定式成分（Infinitive Element，I），"move"是主要动词，介词短语"in the soil"是这个主要动词的补语。句号"."是整个小句的结束成分（Ender，E）。至此，整个小句的每个成分做了精密度分析和解读。

第四，从加的夫语法角度讲，非连续现象就是位置（place）关系发生了变化。而位置（place）和单位（unit）、成分（element）、形式项（item）一起构成了加的夫语法的四个范畴。就名词词组而言，无标记结构的位置关系应该是前置修饰语和后置修饰语都紧跟中心语不分离。

第五，位置的改变并不能够改变小句和词组的经验意义，但是任何不同的形式都有不同的意义。小句中，名词词组中一些成分位置的改变会改变语篇意义或者主位意义，这一点我们将在下面的小节进行详细讨论。同时，位置的变化可以引起歧义或者会消除歧义。例如，"the life begin to move in the soil" 和 "in the soil the life begin to move" 是不一样的，位置的变化是形式（form），可能引起意义（meaning）的变化。前者，"in the soil" 是非限定小句的附加语，是 "move in the soil"，而后者 "in the soil" 是整个小句的附加语，是 "begin in the soil"。这里的 "life" 为单数，而主要动词用了 "begin"，则因为承前省略了作为 "O/X" 的 "should"。

4.3 英语名词词组的非连续修饰语

英语非连续名词词组（discontinuous nominal group）指的是词组的中心语和修饰语没有连在一起，也可以称为非连续修饰语（discontinuous modifiers），或者分离修饰（discontinuous modification）。下面例（4-3a）、（4-4a）、（4-5a）三个例子中，斜体部分是名词词组，这三个名词词组有一个共同点，那就是紧跟事物 / 中心语之后的不是名词词组的成分，后置修饰语，而是小句的成分，三个例子中都是过程或者限定成分和谓体部分，之后才是名词词组后置修饰语。

（4-3a） *A rumour* spread through the camp *that a relieving force from Dinapur had been cut to pieces on the way to Krishnapur.*

（4-4a） *The time* was coming *for me to leave Frisco* or I would go crazy.

（4-5a） In this chapter *a description* will be given *of the food assistance programs that address the needs of the family.*

选自　Biber *et al.*（1999/2000：99）

　　我们选取上面结构较简单的例（4-4a），用加的夫语法做一下功能句法分析（图4-2）。

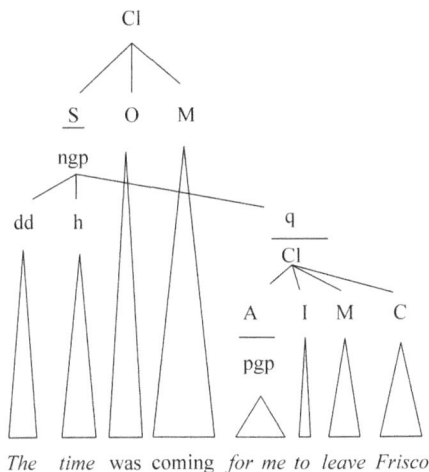

图4-2　英语非连续名词词组功能句法分析

　　这个小句的结构比较简单，"was"是操作词（Operator），"coming"是主要动词，名词词组"the time for me to leave Frisco"是主语，"time"是中心语，而"the"是指称限定语，"for me to leave Frisco"是后置修饰语。但这是一个非限定小句，"me"是主语，"to"是不定式成分（Infinitive Element，I），"leave"是主要动词，"Frisco"是补语。这里比较难确定的是"for"。我们从以下几个方面进行讨论。

　　第一，"for"一般可以作为介词（preposition，p），意思是"为了"和"时间的持续，延续"等。例如"We work *for the people*（介词短语）．我们为人民工作"。"We have been working together *for many years*（介词短语）．我们在一起工作很多年了。"作为介词，后面一般跟名词词组作为补语。黄国文（2009a）认为，"介词 + ing"结构是小句，而不是介词短语。例如，"after they had the meal"是限定小句，"after having the meal"是非限定小句，而 "after the meal" 是介词短语。显然，前两个结构中的 "after"
实际上不是介词，而是连词（conjunction），或者加的夫语法中的 Binder
（B）。我们认为以上分析清楚地区分了介词和连词的区别。"after" 后面
紧跟小句是连词，后面紧跟名词词组是介词。以此类推，作为介词，"for"
的句法功能应该和别的介词的句法功能一致，后面紧跟名词词组的情况
是介词，和名词词组一起构成介词短语；后面紧跟小句时不是介词，因
此和小句一起不构成介词短语，而是构成非限定小句。

　　第二，"for" 后面跟限定小句时，是作为并列连词（coordinate
conjunction）或者是加的夫语法中的 Linker（&），意思是表示原因。例如，
"I cannot come to the party, for I will have class at that time. 我不能去参加晚
会，因为我那时上课。"这是一个并列型小句复合体，"for" 引出并列小
句，因此是并列连词，而且这个小句是限定小句。按照 Fawcett（2000：
305）的观点，"for" 在这里是 Binder（B）。例子是 "for（B）Fred（S）
to（I）look（M）at Ivy（C）like that（A）"。这个结构和 "for me to leave
Frisco" 不仅类似而且可以说一模一样，因此按照这个思路分析，应该是
"for（B）me（S）to（I）leave（M）Frisco（C）"。但是我们发现，依赖
小句中的连接词 Binder，有时候是必须有的，例如上面讲到的 "after"，
以及 "for" 作为并列连词 Linker 的时候。但在有的时候，B 也可以省去，
例如 "I think（that）you are right." 中的 "that" 作为 Binder 是可以省去
的。但这里的 "for" 是不可以省去的，若省去的话，可以说 "the time to
leave Frisco"。也就是说，"for me" 可以同时去掉，但是不可以只去掉
"for"。由此看出，"for" 是紧跟 "me" 的，不是紧跟后面的小句的。因此，
如果说 "for" 是 Linker（&）或者 Binder（B）的话，二者都是引出整个
小句的，前者引出并列型小句，后者引出从属型小句复合体中的依赖小
句。但是，整个结构中的 "for" 显然不是引出整个小句的，只引出 "me"。
从这个意义上讲，认为 "for" 是 Binder 也不合适。再者，上述例子中
的 "after" 也可以从句法功能角度被别的词所取代，例如 "before"。把
"after" 换成 "before"，其句法功能未变。也就是说，如果说它是 Binder，
则其句法功能应该和别的 Binder 的句法功能一致。

　　第三，既然"for"与后面的成分合起来是做名词词组的后置修饰语，我们看一下是否是关系小句，也就是说考察"for"的功能和名词词组后置修饰语关系小句中的关系词（relative pronoun/adverb）的功能是否相同。如果"for"是关系依赖小句中 Binder，应该和其他的关系依赖小句中的 Binder 的句法功能一致。关系小句中的连词既有连接功能，又在关系小句中充当某一个成分，而且关系从句中的 Binder 本身指的是中心语。例如，名词词组"the man that/who helped me"中，作为后置修饰语的关系小句中的"that/who"既起连接作用，又在小句中作为主语，同时它本身指代中心语"man"。但是"for"的功能显然不能指代中心语"time"，因此也不是关系小句中的关系词。当然了，如果是关系小句，那么关系词也是 Binder。

　　第四，根据上面的分析，"to leave Frisco"不是介词短语，那么这是个非限定小句无疑。但是根据上面三点分析，"for"作为 Binder 也不合适。如果是介词，则"for me"是介词短语，介词短语作为后面非限定小句的附加语（A），这就是图 4-2 的分析。但是如此一来，后面主要动词的主语是谁呢？显然"me"从句法角度和逻辑语义的角度看，是这个非限定小句的主语。那么介词短语是什么成分无法确定，介词短语不可能是主语。另外，如果"for me"是附加语，理论上讲可以放到后面，也就是"to leave Frisco for me"。但是，"the time to leave Frisco for me"和"the time for me to leave Frisco"的概念意义是不同的。或者，"for me"和"to leave Frisco"同时作为名词词组的后置修饰语（q），道理和作为附加语一样，如果两个并列做后置修饰语，理论上位置先后可以交换，但是概念意义是不同的。

　　我们已经发现，"for"的功能在这里比较特殊，和所有上面讲到的情况都不相同，既不是介词，又不是连词（Linker 或 Binder），那么它肯定属于另外的词类，具有另外特定的功能。上面已经分析，"for"是紧跟"me"的，去掉"for"，必须去掉"me"，去掉"me"，必须去掉"for"。上面讲到，"after"是跟整个小句的，即使是"after my having the dinner"中的"after"也不是跟"my"的，而是跟"my having the dinner"，因此"after"和这里的"for"的功能显然是不同的。

那么，可不可以把"for me"看作是一个名词词组呢？如果是名词词组，那么"me"是中心语，"for"是前置修饰语，帮助"me"在"to do"这样的限定小句中构成主语，没有它还不行。也就是说，它是功能词（function word）而不是内容词（content word）。其功能相当于助词，这是结构标签，那么它的功能标签是什么呢？而且我们可以看到，"for"在"the time for me to leave Frisco"中的功能和以上所讲的所有情况都不同，这里的"for"从句法功能的角度看，没有别的词可以替代，正如不定式成分（Infinitive Element, I）"to"不可以被其他任何词所替代，而"to"本身也只是一个形式项（item）。因此，这里的"for"是非限定小句主语的成分，类似的说法应该是不定式主语成分（Infinitive Subject Element, IS）。按照这个思路，相应的功能句法分析如图4-3所示。

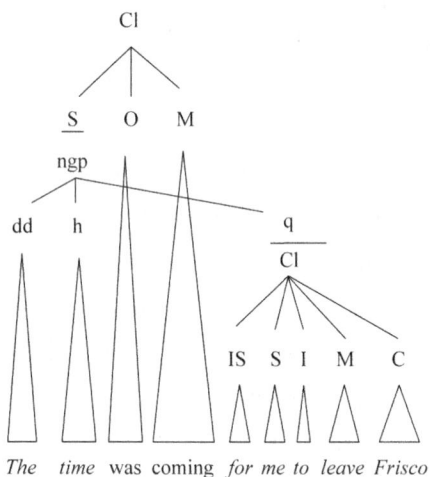

The time was coming *for me to leave Frisco*

图4-3 不定式小句作为名词词组后置修饰语的功能句法分析

把"for"分析成为不定式主语成分的时候，我们也需要顾及大多数英语词典或者语法里对"for"的解释，大致是作为介词和连词两种情况。但是我们看到，"of"在大多数词典里和大多数语法书里都认为是介词。但是加的夫语法认为它还有不同于介词的功能，就是作为挑选语（selector, v）。而且我们认为加的夫语法中挑选语的引入更能清楚展示名词词组内部的关系，例如"five of those books"按照 Fawcett（2006：194）的分析为"five（qd）of（v）those（dd）books（h）"。因为这里的"of"和其他介词的功能有很大区别。更多关于英语名词词组中挑选语的论述，参见 Fawcett（2000，2006，2007，2008a，2008b），李满亮（2009b，2013）。所以，既然"for"在特定结构中的句法功能和介词、连词都有不同，它一定是有别的功能。

以上我们虽然较详细地分析了形式项"for"在几种情况中的句法功能，但是"for"及其后面的非限定小句是作为名词词组的后置修饰语，是主语的一部分，分析其功能结构的时候无须考虑紧靠前面的操作词和主要动词，因为虽然在位置上靠近，但是在语义和句法功能上不是小句的直接成分而是非连续的名词词组的直接成分。

上面的几个例子是英语名词词组非连续现象较为简单、但也较为典型的情况。对于非连续英语名词词组功能结构的分析大致如此，就是要把非连续的部分放在名词词组中进行分析，而不要顾及和小句中其他成分的位置关系的远近。

那么，非连续和连续的区别在哪里呢？或者说为什么要不连续呢？按照传统语法的观点，名词词组非连续是为了句子的平衡，也就是说，如果上述英语名词词组的后置修饰语和中心语连在一起的话，主语部分太长，而谓语部分太短。形式主语也是基于此种目的。关于这一点，参见 Quirk *et al.*（1972，1985）。

上面的三个小句也可以这样说，为了和非连续的名词词组现象加以区别，我们把可能连续的名词词组分别编号为（4-3b）、（4-4b）、（4-5b）：

（4-3b）*A rumour that a relieving force from Dinapur had been cut to pieces on the way to Krishnapur* spread through the camp.

（4-4b）*The time for me to leave Frisco* was coming or I would go crazy.

（4-5b）In this chapter *a description of the food assistance programs that address the needs of the family* will be given.

这和我们在第三章所论述的类似，名词词组修饰语的位置不同所表达的概念意义或者经验意义相同，所不同的是语篇意义，具体说就是主位意义不同，信息分布不同。上述几组例子中，（a）和（b）所表达的概念意义或者经验意义是相同的，但是语篇意义有所差别。如果是名词词组作为主位的话，那么在连续的情况下是整体作为主位，但是在非连续情况下则是名词词组的一部分作为主位。分离的后置修饰语不再作为主位的一部分。（4-3a）的主位是"A rumour"，而（4-3b）的主位是"A rumour that a relieving force from Dinapur had been cut to pieces on the way to Krishnapur"；（4-4a）的主位是"The time"，而（4-4b）的主位是"The time for me to leave Frisco"；（4-5a）和（4-5b）的主位都是环境成分"In this chapter"，后面的小句整体作为述位（Rheme）。但是如果把这个环境成分放到小句的末尾或者主要动词的后面的话，就成为下面的情况。

（4-5c）*A description* will be given *of the food assistance programs that address the needs of the family* in this chapter.

（4-5d）*A description* will be given in this chapter *of the food assistance programs that address the needs of the family.*

（4-5e）*A description of the food assistance programs that address the needs of the family* will be given in this chapter.

这三种变体都无疑是正确的英语表达，（4-5c）和（4-5d）的主位是名词词组的前置修饰语和中心语"A description"，但是（4-5e）的主位则是整个名词词组"A description of the food assistance programs that address the needs of the family"。主位不同导致主题意义不同以及语篇意义不同，我们不再赘述。更多关于英语名词词组非连续现象及其动机，参见何伟、张敬源等（2015）。

章振邦（1995：640-641）还讲到了非连续名词词组还有另外一种可能，那就是和歧义有关，要么是非连续可以避免歧义，要么是非连续会引起歧义。这样的歧义都是和句法结构有关，也就是形式的不同会导致意义的差别，这一点也符合功能句法的原则，形式是意义的体现。这里的意义不是语篇意义，而是经验意义。我们简单做一个分析。下面的几个例子都属于这种情况。

（4-6a）They found him beneath the overturned car with a broken left leg.

（4-6b）They found him with a broken left leg beneath the overturned car.

（4-7a）The soldier pulled a bar of chocolate from his pocket, which he fed to the gaunt waif.

（4-7b）The soldier pulled from his pocket a bar of chocolate, which he fed to the gaunt waif.

（4-8a）There is no report to us of any accident.

（4-8b）There is no report of any accident to us.

（4-6a）中的"with a broken left leg"可能会修饰"car"，是"car"的后置修饰语，如果说是修饰"him"的话，却没有和"him"连在一起，也就是因为非连续而产生了歧义，而在（4-6b）中则修饰"him"无疑；（4-7a）中的非限定性关系小句"which he fed to the gaunt waif"根据就近的原则，可能会修饰"pocket"，但是在语义上却不同，也是因为修饰语没有和想要修饰的中心语"chocolate"连在一起，而（4-7b）则没有把"chocolate"和关系小句分离，就不会有歧义的可能。（4-8a）和（4-8b）两个句子中的"to us"分别可能修饰"report"和"us"。总之，位置的变化，非连续的修饰语不仅会产生语篇意义的变化，也可能会产生经验意义的变化。任何不同的形式都有不同的主位意义，但是经验意义是不能有歧义的。通常说的歧义是指经验意义而非语篇意义。关于歧义，我们将在第八章详细探讨。

4.4　汉语名词词组的非连续修饰语

汉语名词词组非连续现象和英语名词词组极其相似，我们看下面的例子，（4-9a）、（4-9b）、（4-9c）。

（4-9a）好消息传来，她考上了北京大学。

　　　　A piece of good news came *that she was admitted by Peking University.*

（4-9b）传来好消息，她考上了北京大学。

（4-9c）她考上了北京大学的好消息传来。

（4-9d）她考上了北京大学这个好消息传来。

我们只对（4-9a）的小句做一个功能句法分析，如图4-4，看一下和英语非连续名词词组的对比。这个例子中，"好消息"是一个名词词组，作为小句的主语，"好"是修饰语（modifier），"消息"是中心语，"她考上了大学"和"消息"是同位关系，或者叫作同位语，从名词词组的角度来看，是后置修饰语。总之，"她考上了大学"是名词词组的直接成分，而不是小句的直接成分。这个后置修饰语本身是一个小句，由主语、主要动词、主要动词延长成分和补语组成。（4-9b）中，"传来好消息"是动宾短语，但是"她考上了北京大学"和"好消息"的关系是和（4-9a）的关系相同的，不再重叙。不同的是，虽然这个名词词组的后置修饰语也和中心语有不连续的问题，但是在位置上靠得比（4-9a）中名词词组的中心语要近。这个小句和相应的英语小句 "*A piece of good news* came *that she was admitted by Peking University.*" 的功能结构非常相似。

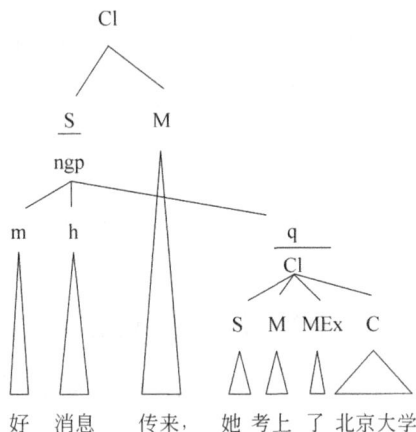

图4-4　非连续汉语名词词组功能句法分析

（4-9c）中的名词词组不存在非连续现象，我们首先做一个功能句法分析，如图4-5，然后对此做一些讨论和说明。属于典型的无标记的汉语名词词组结构，修饰语位于中心语之前。

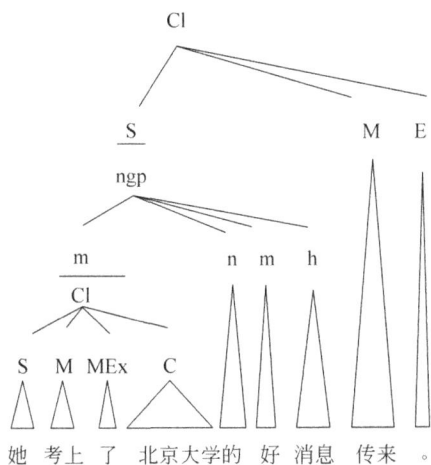

图 4-5 连续的汉语名词词组功能句法分析

我们从以下几方面对以上例句的分析进行讨论和解释。

第一，这个小句的整体结构非常简单，由三个成分组成，主语（S）、主要动词（M）和小句的结束成分（E），结束成分就是在书写上的句号。

第二，作为主语的名词词组比较复杂，"她考上了北京大学的好消息"整体是一个名词词组，而且是偏正式的名词词组。这个词组中，"消息"是中心语，"好"是修饰语，这两个成分没有争议。我们在分析"4-6a"和"4-6b"的时候已经看到，"她考上了北京大学"这个小句是"好消息"的同位语，由于位于中心语后面，因此是后置修饰语（qualifier，q）。在这个小句中，"她考上了北京大学"从语义上讲仍然是"好消息"的同位语，只是在位置上位于中心语之前，因此是前置修饰语（modifier，m）。

第三，"她考上了北京大学"这个小句中，"她"是主语，"考上"是主要动词。但是"了"这里是紧跟"考上"的，也就是说，"考上"还没有完全说明这一动作，加上"了"以后在语义上更加完整，因此"了"在这个结构中是动词延长成分（Main Verb Extension，MEx）。"北京大学"在这个小句中是补语，它本身的结构看起来像是名词词组，"大学"是中心语，"北京"是类别修饰语。但是，"北京大学"是一个专有名词，不能按照词组来对待。

第四，我们在前面几章一直没有讨论名词词组中"的"的句法功能。"的"字结构在汉语中也可以成为名词词组，例如，"（这本书）喜欢语言学的可以看，不喜欢语言学的也可以看"这个小句中，"喜欢语言学的"和"不喜欢语言学的"显然是两个名词词组，我们也可以认为是省略了中心语。能在这里充当中心语的系统中，只要是指人的名词都可以，如"人""学生""学者""老师"等等。除此之外，"的"在汉语名词词组中有时候是必不可少的，类似"她考上了北京大学的好消息"中的"的"是不可以去掉的。我们认为，它既然是名词词组的一个必要成分，和英语动词不定式的"to"的功能相似，我们就把它看作名词词组的成分（nominal group element，缩写为 n）。何伟、高生文等（2015）对"的"功能进行了详细的描述，认为是触发语（trigger，tr），可以触发前置修饰语、后置修饰语、中心语等名词词组的内部成分。汉语中"之"的用法也和"的"有很多相似之处，参见张薇薇、李满亮（2017b）。

第五，例（4-9d）"她考上了北京大学这个好消息传来。"中，没有"的"字，我们做一个线性分析（linear analysis），为了省空间，不画树形图。分析应该是这样的："她考上了北京大学（m）这个（dd）好（m）消息（h）传来。"这个名词词组的中心语仍然是"消息"，因为整个小句的结构是"消息传来"。作为主要动词"传来"的主语只能是"消息"。不可以说"她考上了北京大学传来"。从这个角度讲，"她考上了北京大学"是"这个好消息"的同位语，只不过这个同位语前置。

第六，和上面讨论的英语名词词组相似，我们同样认为，例（4-9a）、（4-9b）、（4-9c）、（4-9d）四个小句的概念意义或者经验意义是相同的。所不同的是语篇意义不同，具体说就是主题意义不同。（4-9a）和（4-9b）的主位分别是"好消息"和"传来好消息"，也就是说名词词组的一部分作为主位，因为名词词组的其余部分没有和中心语在一起，这也是非连续名词词组的特征之一。但是在（4-9c）（4-9d）中，小句的主位应该是"她考上了北京大学"。虽然这个主位是后面名词词组的同位语，作为前置修饰语，但却是整个小句信息的起点。由此可见，连续的名词词组和非连续的名词词组所表达的语篇意义不同。更多关于汉语名词词组非连续现象及其动机，参见何伟、高生文等（2015）。

4.5　结语

　　本章主要对比分析了英汉名词词组中的非连续现象，我们主要从几个角度进行了分析。通过分析讨论，得出以下结论：（1）非连续现象是英汉名词词组的常见现象，而且在这一点上英汉名词词组的功能结构具有很大相似性，二者都是修饰语和名词词组中心语分离的现象；（2）名词词组非连续现象或者非连续修饰语也是造成歧义和避免歧义的重要手段，而歧义的"意义"指的是经验意义，而非语篇意义；（3）汉语名词词组非连续成分主要是同位语，但是英语名词词组的非连续修饰语不一定是同位语，可能是完全修饰语，或者定语；（4）非连续的名词词组和连续的名词词组的概念意义或者经验意义相同，但是由于修饰语或者语法单位成分位置的不同、表达顺序的不同，造成语篇意义或者主位意义不同，这一点英汉名词词组基本相似；（5）无论在连续还是非连续名词词组中，"for"在英语中除了作为介词和连词，还有一个功能就是作为动词不定式主语的成分（Infinitive Subject Element，IS）；（6）"的"在汉语中可以作为汉语名词词组的成分（nominal group element，n）；（7）英汉名词词组的非连续现象还有很多别的类型，可以做相似的分析和解释。

第五章　英汉名词词组级转移修饰语对比

5.1　引言

我们在前面已经讲到，名词词组的内部结构非常复杂，但无论是多么复杂的名词词组，其基本结构是围绕中心语或事物，再加上修饰语，根据修饰语和中心语的相对位置，分为前置修饰语和后置修饰语。Halliday（1994/2000：188）指出，几乎所有的英语名词词组的后置修饰语（Qualifier）都存在级转移（rank-shift）的情况。换句话说，小句、词组、短语充当修饰语一般要置于中心语或者事物的后面。但是，过度概括（over-generalization）是语言使用的错误（参见 Crystal 2000：252-253）。例如英语中名词复数一般加"s"，但是如果说所有的名词复数都加"s"，就是过度概括。

因此，我们说，英语级转移的修饰语一般位于中心语后面，但并不是说所有的情况都如此，也有级转移的小句、词组和短语作为前置修饰语的情况。这一点在英语和汉语中都有这样的语言现象。然而，英语中级转移的语法单位作为修饰语位于名词词组中心语之前是特殊情况，而汉语中修饰语一般位于名词词组中心语之前，修饰语位于中心语之后是特殊情况。

5.2　级转移修饰语

在谈级转移之前，我们有必要再重温一下级阶的概念，以及级阶的概念在句法分析中的重要性。语法单位的层次在句法分析中至关重要，语篇虽然是语义单位，不是语法单位，但是在做语篇分析的时候也离不开分析句子。因此，Halliday（1994/2000：F42）指出，不建立在语法分析之上的语篇分析根本不是分析，而是对于一个语篇的评论而已。黄国文（2001b，2008a：14）也认为功能句法的分析是功能语篇分析的一部分，而小句是句法分析的核心。语篇和语法单位是体现的关系，但是我们对一个在篇幅上很长的语篇进行分析的时候，如果说只认为语篇是由词语组成的，则不仅是忽略了中间的单位，而且没法分析清楚语篇内部各个组成部分之间的关系。词是语篇的单位，但不是语篇的直接单位，也就是说语篇显然不是直接由词来体现的。

　　但从小句角度讲，如果说小句是由词组成的，也无法说明白词和词之间的关系，因而也无法从语义上理解句子。或者说，句法结构上的理解决定了语义层次上的理解。这一点在英语和汉语中都是如此。例如，英语名词词组 "more expensive clothes"，如果只分析这个词组是三个词组成的，不能揭示其内部深层结构。"clothes" 作为中心语无疑，但是"more" 和 "expensive" 两个词语并列作为中心语的修饰语，意思是 "更多贵的衣服"。另一种解释是，"more expensive" 是一个形容词词组，作为中心语 "clothes" 的修饰语，意思是 "更贵的衣服"。这里的形容词词组在级阶上和名词词组处于同一级，但是却作为名词词组的修饰语，存在级转移的情况。再如汉语 "咬死了猎人的狗"，这个结构可以分析为名词词组，"狗" 是中心语，"咬死了猎人" 是一个动宾短语，和名词词组成分 "的" 一起构成修饰语修饰中心语 "狗"，这里的动宾短语也是级转移的修饰语。另一种解释是，这个结构整体是一个动宾短语，"咬死了" 是主要动词和动词的延长成分，"猎人的狗" 是一个偏正式名词词组，作为 "咬死了" 的宾语。从这个例子可以看出，即使是词组或者短语，只分析是由词组成的也不能正确解释其功能结构或者语义结构。可见，层次性和级阶这个概念对于句法分析的重要性。我们将在第八章专门探讨句法结构的变化和不同会怎样引起语义的变化和不同。任何形式都对应相应的意义。

　　级阶的概念对于理解各个语法单位之间的关系尤其是层次关系尤为重要。我们前面也已经讲过，对于单位的识别如果从级阶的角度进行解释，就更加明确。例如，我们在给词下定义的时候遇到了很多困惑。例如，"He is a woker." 这个小句中，肯定是有四个词无疑。但是，"He's a worker." 这个小句中到底是三个词还是四个词就有争议，原因在于 "He's" 表面看起来是一个词，但实际上是 "He is" 这两个词的缩写形式。关于这个论述，参见胡壮麟（2001：76）。但是，如果从级阶的角度解释，就会简单得多。"He's" 虽然写在了一起，但 "He" 是名词词组的成分，而 "is" 虽然缩写为 "'s"，但是它实质上是动词词组的成分，从语法单位的类别来讲，二者不属于同样的范畴，因此是两个词。词在级阶上可以在上一级语法单位中作为词组或者短语的成分，在下一级语法单位中可以分析为语素；词组可以成为上一级语法单位——小句的成分，也可以分析为由下一级语法单位——词，按照特定规则组成的；小句向上作为组成小句复合体，向下分析为词组或者短语。我们已经在上面的章节讲过，级阶的概念和直接成分的概念在本质上是一致的。

Jespersen（1924/2008：96-98）提出的三品说（three ranks）也和级阶的概念在本质上是一致的。三品说主要针对名词词组，例如 "extremely hot weather" 这个名词词组中，首要的词（chief word）是 "weather"，也就是我们说的事物或者中心语，因此 "weather" 是首品词（Primary，I）。"hot" 是修饰首品词 "weather" 的，因此是次品词（Secondary，II）。而 "extremely" 是修饰次品词 "hot" 的，因此是三品词（Tertiary，III）。理论上讲，还可以有四品词（quaternary，IV）和五品词（quinary，V），以此类推。但是，Jespersen（1924/2008：96-98）又指出，没有必要再进一步区分四品五品，三品就足够了。例如 "a certainly not very cleverly worded remark" 这个名词词组中，尽管 "remark" 是首品词，"worded" 是次品词，修饰 "remark"，"cleverly" 是三品词，修饰 "worded"，"very" 是四品词，修饰 "cleverly"，"not" 是五品词，修饰 "very"，"certainly" 是六品词，修饰 "not"。这里的 "a" 是次品词，修饰 "remark"。如果用数字表示的话，应该是这样的："a（II）certainly（VI）not（V）very（IV）cleverly（III）worded（II）remark（I）"。首品词是中心语，次品词是修饰中心语的，而三品词是修饰次品词的，以此类推。例如，"much（II）good（II）white（II）wine（I）" 中，"wine" 是首品词，即名词词组中心

语，"much good white" 三个词都是修饰"wine"的，因此都是次品词。而"very（III）good（II）wine（I）"则不同，"very"不是修饰中心语兼首品词"wine"的，而是修饰次品词"good"的，因此是三品词。"very good"是一个形容词词组，作为名词词组的级转移前置修饰语。

汉语的名词词组也有类似现象，例如，"可爱的（II）一朵（II）红色（II）玫瑰（II）花（I）"只有首品词中心语"花"和其他几个次品词作为"花"的前置修饰语。而"非常（III）可爱的（II）一朵（II）玫瑰（II）花（I）"这个名词词组中，"花"当然是首品词，"可爱的""一朵""玫瑰"都是次品词，修饰首品词。而"非常"是三品词，因为它是修饰次品词"可爱的"。三品理论对于描述和解释英汉名词词组的借鉴意义很大。首品词实际上就是中心语，次品词就是中心语的修饰语，而三品词是修饰次品词的修饰语，按照级阶的说法，三品词和次品词加起来作为级转移的修饰语修饰中心语。按照直接成分的观点，首品词和次品词都是名词词组的直接成分，但是三品词是以次品词为首品词结构的直接成分，不是名词词组的直接成分。关于三品说理论的更多论述，参见 Jespersen（1933）。

名词词组中的级转移（rank-shift）指的是，词组和短语是和名词词组在级阶上处于同一级，而小句是在级阶上比词组高一级的语法单位，但是它们都可以作为名词词组中的修饰语，后置居多，但也有前置的情况，作为名词词组的直接成分，因此发生了级转移。我们将在本章下面的部分重点讨论这一现象，并且对比英汉名词词组在这个问题上的异同。

5.3　英语名词词组的级转移修饰语

英语名词词组的结构可以非常复杂，但是基本结构由三部分组成，中心语/事物、前置修饰语、后置修饰语。中心语一般为名词或者代词。由于在级阶上比词组低一级的语法单位是词，因此名词词组的前置修饰语中有限定词、形容词、名词、属格名词等，我们在第三章已经讨论过了，这些修饰语不存在级转移的问题，因此本章不做详细探讨。这一节主要从三个方面讨论级转移的前置修饰语，即形容词词组作为前置修饰语，其他词组和短语作为前置修饰语，小句作为前置修饰语。

我们先举例回顾一下级转移作为名词词组后置修饰语的情况，因为这是无标记状态，之后我们重点讨论一下有标记的级转移修饰语，也就是级转移的前置修饰语。我们在第三章第 3.3.1 节，已经简要列举了英语名词词组级转移的后置修饰语的基本情况。英语名词词组的后置修饰语主要包括关系小句、同位语小句、介词短语、形容词短语、副词短语几种类型的非限定小句，甚至名词词组本身。可以说，这些语法单位作为后置修饰语是英语名词词组修饰语的无标记修饰语（unmarked postmodifier）。比较复杂的就是这些单位组合起来作为修饰语。例如，"a very famous scholar of linguistics from London who will give a lecture here in our university"这个名词词组的中心语是"scholar"，但是前置修饰语除了指称语"a"之外，还有形容词词组"very famous"，而后置修饰语有两个介词短语"of linguistics"和"from London"，以及一个关系小句"who will give a lecture here in our university"。

5.3.1　形容词词组作为前置修饰语

Halliday（1985，1994/2000）把形容词词组归为名词词组的一类，而 Thompson（1996/2000，2004/2008，2014）把形容词词组（adjectival group）看作是和名词词组并列的一类词组。我们在本文中也把形容词词组看作是一个单独类别的词组。这也是对词组更精密度的分类。

能够作为英语名词词组前置修饰语的级转移语法单位大致可以分为两大类，一类是平常形式的词组、短语，或者小句，另一类是用连字符（-）连接起来的临时的词组、短语或者小句。有的结构看起来不常用，但它也是实际使用的语言，也是一种客观存在，值得讨论。为了标示清楚，我们把修饰语标下划线，而中心语加括号。

英语名词词组的前置修饰语除了限定语之外，主要是形容词和形容词词组，当然，有的形容词是不可以做名词词组前置修饰语的。最简单例如，"ill"不可以做前置修饰语，只可以做补语，而"sick"却既可以做补语又可以做前置修饰语。除了形容词和形容词词组，形容词复合体和形容词词组复合体也可以作为名词词组中心语的修饰语。

　　下面的两个例子就是比较复杂的形容词词组作为名词词组的修饰语。例（5-1）这个名词词组如果按照 Jespersen 三品说的理论分析的话应该是这样的："her（Ⅱ）really（Ⅴ）quite（Ⅳ）unbelievably（Ⅲ）delightful（Ⅱ）family（Ⅰ）"。也就是说，"family"是首品，"delightful"和"her"是次品，而"unbelievably""quite"和"really"分别为三品、四品、五品。三品说或者几品说理论对于理清单位内部的结构层次有很大的借鉴作用。首品词是名词词组中心语，所有的次品词处于同一层次，同为名词词组的直接成分，修饰首品词中心语。其他几品的修饰关系为，三品词修饰次品词，四品词修饰三品词，五品词修饰四品词。

　　例（5-1）的功能句法分析如图5-1。

（5-1）her really quite unbelievably delightful（family）

（5-2）his not very courteous（behavior）

选自 Quirk et al.（1985：1322）

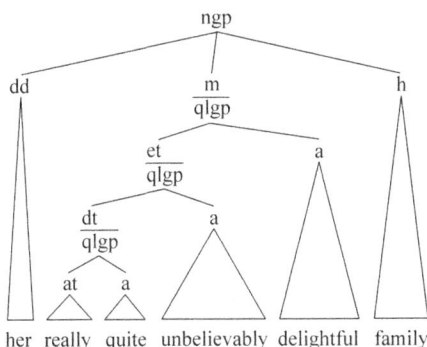

图 5-1　含有复杂级转移前置修饰语的英语名词词组功能句法分析

　　这个名词词组由三个成分组成，指称限定语"her"、中心语"family"和修饰语"really quite unbelievably delightful"。前两个成分较为简单，而这个修饰语是由一个性质词组（quality group，qlgp）来填充，这个性质词组由两个成分组成，中心语（apex，a）"delightful"和强调调节语（emphasizing，et）"really quite unbelievably"；这个强调调节语又由

另一个性质词组 "really quite unbelievably" 填充，这个性质词组由中心语 "unbelievably" 和程度调节语（degree temperer, dt）"really quite" 组成；"really quite" 这个性质词组中，"quite" 是中心语，而 "really" 是附加调节语（adjunctive temperer, at）。我们可以看到，这个名词词组的结构很简单，但是作为级转移修饰语的形容词词组的结构比较复杂。例（5-2）的名词词组结构相对简单一些，"his" 是指称限定语，"behavior" 是中心语，"not very courteous" 是一个性质词组／形容词词组作为修饰语，"courteous" 是中心语（a），"not very" 是程度调节语（dt）。"not very" 本身是一个性质词组／副词词组，"not" 是附加调节语（at），而 "very" 是中心语（a）。

形容词词组作为级转移的前置修饰语是比较典型的情况，或者叫作无标记的结构。下面（5-3）至（5-7）的这些例子基本上是属于形容词词组作为名词词组前置修饰语的典型例子，但是各有各的特点和新的情况。我们依次分析这些名词词组各自的特点和细微的区别。

（5-3）very finely grained alluvial material

（5-4）the formerly self-sufficient rural feudal economy

（5-5）naked, shameless, direct, brutal exploitation

（5-6）a totally covered, uninsulated pig house

（5-7）an unusually thick naturally-colored cardigan

选自 Biber et al.（1999/2000：597）

（5-3）中，"material" 是中心语，"grained" 和 "alluvial" 是两个独立的形容词，而且是两个并列的修饰中心语的修饰语，"very finely" 是一个副词词组，但是这个副词词组不是修饰中心语 "material"，而是修饰 "grained alluvial" 的，也就是说 "very finely grained alluvial" 合起来是一个形容词词组，作为前置修饰语修饰中心语 "material"。

（5-4）的结构和（5-3）类似，只是多了一个指称修饰语 "the"。"self-sufficient rural feudal" 是三个并列修饰语，"formerly" 修饰这个三个形容词构成形容词词组，（5-7）的结构和（5-4）完全相同。

（5-5）和（5-6）的结构略有不同，例如 "feudal" 修饰 "economy"，

而"rural"修饰"feudal economy"，"self-sufficient"修饰"rural feudal economy"，逐层递进，这四个形容词是四个独立的形容词，彼此之间没有逻辑上的联系。而（5-5）中的四个形容词中间停顿，表示没有这种递进关系，四个形容词合起来形成形容词复合体（adjective complex），修饰中心语"exploitation"。这四个形容词不是四个孤立的形容词，而是组成一个并列型的形容词复合体。同时，这是形容词复合体，而不是形容词词组复合体，因为它们不是在小句中充当成分，也没有修饰语。但是，形容词复合体充当名词词组中心语的修饰语也属于级转移。关于名词词组复合体参见本书第十章，而关于形容词复合体和形容词词组复合体以及多个形容词充当名词词组中心语的更多讨论，参见第十章第 10.3 节。

例（5-6）中，除了指称修饰语"a"、中心语"house"、类别语"pig"之外，"totally covered"是一个形容词词组，这个形容词词组和形容词"uninsulated"共同修饰"pig house"。也就是说，"totally"只修饰"covered"而不修饰"uninsulated"。我们在这里不争论"pig house"是属于词组的一部分还是本身是一个合成词（compound word）。我们认为它不是一个合成词，作为词一般是相对稳定的语法单位，而词组是临时搭配。当然了，"pig house"不是完整的名词词组，但是它起码是名词词组的一部分，加上限定修饰语就成了完整的词组。

这一节重点分析了形容词词组和形容词复合体作为名词词组中心语修饰语的情况。形容词复合体是不同于形容词词组的结构，也和多个形容词作为中心语修饰语的功能结构不同。多个形容词互不统属作为修饰语不属于级转移，但是形容词复合体作为修饰语属于级转移修饰语。

5.3.2　其他词组和短语作为前置修饰语

上面一节的分析围绕多个形容词、形容词词组和形容词复合体作为名词词组中心语前置修饰语的功能结构，这是最多见最典型的修饰语，是无标记的修饰语。然而，还有其他类别的词组和短语也可以作为名词词组中心语的级转移修饰语，主要是前置修饰语。这些词组和短语主要包括名词词组及其变体以及介词短语。为了分析得清楚，我们把所有的名词词组都用斜体标示，中心语加括号，级转移的修饰语加下划线。

下面（5-8）至（5-14）的七个例子，有的虽然不常见，有的属于有标记的结构，有的一般不用在正式语域中，但是它们都是语言使用的现象，是客观存在的语言现象。俗语说，缺少一行构不成世界，世界本身是多样性的客观存在。因此，缺少一种语言现象就不成为语言，或者说语言本身也是多样性的客观存在。下面的八个例子都比较有代表性，每个例子都代表一种结构。

（5-8） a *Sunday afternoon*（concert）

（5-9） *the kind old Archbishop of York's*（daughter）

（5-10）a *Saturday to Monday*（excursion）

（5-11）the（time）*between two and four*

（5-12）his *after dinner*（pipe）

（5-13）The buildings *on this side*（river）are ancient.

（5-14）He lives *on this side the river.*

选自 Jespersen（1924/2008：102-103）

我们从以下几个方面进行讨论。

第一，例（5-8）中的名词词组中心语是"concert"，而作为其前置修饰语的"Sunday afternoon"本身也是一个名词词组，这里的"Sunday"是"afternoon"的修饰语而不是"concert"的修饰语。例（5-9）中名词词组的中心语是"daughter"，而其前置修饰语是一个名词词组的所有格，也就是说，这个属格不是"York"一个词的属格，而是整个名词词组"the kind old Archbishop of York"的属格，这个词组以"Archbishop"为中心语，前面两个形容词"kind"和"old"为前置修饰语，而后置修饰语是介词短语"of York"。总之，这两个例子的前置修饰语本身都是名词词组，二者的不同只是普通格和属格（也叫所有格）的区分。

第二，例（5-10）的名词词组以"excursion"为中心语，"a"是指称修饰语。"Saturday to Monday"整体作为前置修饰语。那么这个结构整体叫作什么呢？从词类角度讲，"Saturday"和"Monday"都是名词，"to"是介词。但是整个结构不可能是名词词组，因为它不具备名词词组的基本内部结构，找不到中心语和修饰关系，这两个名词的任何一个都不能成为中心语。此外，虽然这里有一个介词，但是整体结构既不是介词词组，也不是介词短语。如果说"to Monday"勉强可以称为介词短语的话，那么"Saturday"的角色是什么呢？与此类似的是"from Saturday to Monday"，这个结构倒可以认为"from Saturday"和"to Monday"分别是两个介词短语，整体结构是介词短语复合体。因此，"Saturday to Monday"是介词左右连着两个名词，把它看作是名词复合体较为合适。从类型上讲，偏向并列型，因为这两个名词的地位没有主次之分。"Saturday"和"Monday"显然不是名词词组，因为既是单个的词又没有放在小句中。

　　第三，例（5-11）的名词词组又是一种类别，前置指称修饰语"the"和中心语"time"之外，"between two and four"整体作为后置修饰语。先从词类角度看，"between"在多数情况下被认为是介词，"two"和"four"是数量词，但是在这里实际上是名词，代表的是"two o'clock"和"four o'clock"，"and"显然是连词无疑。"between"既然是介词，整体结构很像介词短语，后面的"two and four"是介词的补语。"between the two trees"和"between two and four"在整体结构上没有本质的区别，因此后者认为是介词短语是合理的。那么，作为补语的"two and four"本身是什么结构体呢？"and"左右连接的是两个名词，那么整体结构是一个并列型的名词复合体，因为所连接的两个名词在结构体中的地位是平等的。

　　第四，例（5-12）的名词词组中，介词短语"after dinner"作为中心语"pipe"的前置修饰语，意思是"他的饭后烟"，介词短语作为修饰语一般要后置，"his pipe after dinner"更平常，介词短语做修饰语前置属于有标记修饰语。二者的区别在于主题意义或者强调的重点不同。例（5-13）的名词词组有类似结构，介词短语"on this side"作为前置修饰语，修饰中心语"river"，这个名词词组又作为"building"的后置修饰语，意思是"河这边的房子"。无标记的结构应该是"the building on this side of the river"。

　　第五，例（5-14）中，"on this side the river"的结构比较特殊，无标记的结构应该是"on this side of the river"。这是一个复杂的介词短语，由介词"on"加上后面的名词词组"this side of the river"作为补语，而这个名词词组的中心语为"side","this"和介词短语"of the river"分别作为前置修饰语和后置修饰语。没有了介词"of",这个结构就不再理解为介词短语了。"the river"本身已经是一个完整的名词词组。"on this side"明显是一个介词短语,这个介词短语是修饰名词词组"the river"的,而不是修饰中心语"river"的,也就是说,这个介词短语是名词词组的附加语,而这个附加语是从属于名词词组"the river"的,因此我们把这样的结构称为从属型名词词组复合体。关于词组复合体的更多内容参见第十章。

5.3.3 带有连字符的词组和短语充当前置修饰语

除了以上情况之外,词组和短语充当名词词组前置修饰语还有另外一种情况,那就是在组成词组和短语各个成分之间加连字符(hyphen),这种用法很多是临时的而且是非正式的用法。另外,在不加连字符的情况下,这些词组和短语一般是不能做前置修饰语的。我们先直观地看一下这样的情况。下面十个例子(5-15 至 5-24)是和上面的词组和短语都不同的现象,就是这十个例子中,也各有各的特点。我们先粗略做一个分析,然后试图找出这些结构的特点和规律。

(5-15) the far-and-wide discussed new product

(5-16) a never to be forgotten day

(5-17) his never-too-old-to-learn spirit

(5-18) six do-nothing months

(5-19) a do-it-yourself tool

选自 章振邦(1995:637)

(5-20) an up-to-date timetable

(5-21) a tongue-in-cheek remark

(5-22) their day-after-day complaints

(5-23) her too-simple-to-be-true dress

(5-24) a come-and-fight-me attitude

选自 Quirk *et al.* (1985:1336)

（5-25）The general lacked *up-to-the-minute information* at the crucial
　　　　moment.

选自 *Longman Dictionary of Contemporary English*（2003：1822）

第一，例（5-15）中除了中心语 "product"、描述修饰语 "new" 和指称修饰语 "the" 之外，相对复杂的是 "far-and-wide discussed" 这个结构。按照传统的术语，这是一个过去分词短语（past participle phrase）。按照功能句法的术语，这是一个非限定小句，含有隐含的主语，"discussed" 是主要动词，"far and wide" 是并列型的副词复合体，但是这个复合体作为修饰语一般要后置，前置的时候就要在中间加连字符。这个副词复合体作为主要动词的附加语。这个名词词组还可以写成 "the new product discussed far and wide"，或者 "the new product far-and-wide discussed"，但是 "the new product discussed far-and-wide" 似乎不妥。可见带有连字符的结构只适合做前置修饰语，而非后置修饰语。例（5-16）的结构与例（5-15）相似，不同之处在于，"never to be forgotten" 四个词中间没有加连字符，这个结构分析为 "never（A）to（I）be（O）forgotten（M）"，是不定式短语，或者非限定小句，成分分别为附加语、不定式成分、操作词、主要动词。这个名词词组也可以是 "a day never to be forgotten"。

第二，例（5-17）和例（5-23）的结构属于同一类。从上面的分析可以看出，对于含有连字符的短语，我们只要按照不含有连字符的情况进行分析，只不过加了连字符才可以放在前面，甚至说，不加连字符就不能这么用。"never too old" 和 "too simple" 是附加语，这两个词组本身是形容词词组，"never" 和 "too" 都是修饰 "old" 的前置修饰语。"his never too old to learn spirit" 也是正确的表达。由此看来，这个例子和例（5-16）相近。

第三，例（5-18）、例（5-19）、例（5-24）这三个例子大致属于同一类别，因为连字符结构中含有主要动词的原形。如果不考虑连字符的话，这几个结构从语法单位角度讲属于哪一种类别呢？含有动词，但又不是动词词组，因为动词词组是向心结构，有一个中心，但是这个结构实际上是由动词加上补语还有附加语构成的，也就是说由两部分组成，所以这个结构应该不是词组。参照汉语的术语，这个结构应该属于动宾短语或者动补短语。这个术语倒比较恰当，可见英汉语对比研究可以促进两种语言研究的相互借鉴。按照系统功能句法的分析，应该按照小句处理，除了隐含的主语之外，"do"是主要动词，作为谓体，"nothing"和"it"是补语，"yourself"是附加语。况且，主要动词加补语或者附加语结构本身就是典型的祈使句。顺便提一下，区分补语和附加语的主要依据是看它是否是主要动词或者过程要求的。如果是主要动词或者过程要求的，就是补语，反之则为附加语（参见黄国文 1999：99）。此外，这样的结构如果不加连字符则不能够直接做前置修饰语，也不能直接做后置修饰语。例（5-24）中的"come and fight me"是一个并列型小句复合体，"come"和"fight me"分别是两个小句，用并列连词"and"连在一起。祈使小句不能直接作为名词词组的前置或者后置修饰语。

第四，例（5-20）、（5-21）、（5-22）三个例子属于另外的三种类型。"up-to-date" "up to date" "tongue-in-cheek" "day-after-day" "day after day" 这些结构已经基本不用再分析它们的内部结构了，因为它们已经成为固定的短语，被收入词典。例如 *Longman Dictionary of Contemporary English*（《朗文当代英语词典》）2003 版已经收录了上面这些短语，分别或标为形容词，或标为副词（参见 *Longman Dictionary of Contemporary English* 2003：398, 1749, 1822）。这些短语的意义已经不能从字面意义去理解了。

这里最典型的就是"tongue in cheek"。从结构上看，这是一个典型的名词词组，"tongue"是中心语，指舌头或者语言，"in cheek"是介词短语作为后置修饰语，"cheek"的意思是脸颊。按照字面意思，"脸颊上的舌头或者语言"都是毫无意义的，实际意义是"挖苦，开玩笑，不是认真严肃的"。"up-to-date"甚至有"up-to-the-minute"（例 5-25）的类似表达，也收录到了词典中，而其意义却基本是字面意义的稍微引申。总的来说，带有连字符的结构其实不宜做内部结构的精密度分析，只能把它当成一个整体看待。有的貌似词组或者短语，其功能却相当于一个词。

总之，我们在上面这几部分主要分析了词组和短语，或者貌似词组和短语的结构。需要指出的是，我们当然不可能穷尽所有的情况，只是对类似的结构做了一个简单的分析，以收抛砖引玉之功效。关于词，词复合体，合成词，词组，词组复合体有必要进行明确的界定和研究。关于名词词组复合体的研究，参见李满亮（2019）。

5.3.4　小句和小句复合体作为前置修饰语

以上几节我们分析了词组和短语充当英语名词词组中心语的前置修饰语的情况，本节简单探讨和分析一下小句和小句复合体充当前置修饰语的情况。小句充当后置修饰语属于常见的现象，但是作为前置修饰语则是有标记的结构。主要有两种类型，一种加连字符，一种不加连字符。但是，在分析时只能按照没有连字符来分析。和貌似词组或者短语的结构有所不同，小句充当名词词组前置修饰语是非正式的，而且是临时的用法，很多情况下必须加连字符，而且也不存在固定结构一说，不会收录到词典中。我们从以下几个方面进行分析和讨论。

（5-26）She has asked *I don't know how many people* to the party.

选自　Quirk et al.（1985：1322）

（5-27）*today's meet the people (if they can find you) tour*

（5-28）I visited *his what-do-you-call-it cottage.*

选自　Quirk et al.（1985：1337）

（5-29）a you-will-fall-in-love-with-her-when-you-first-see-her girl

第一，这四个例子中，前三个来自语法书，第四个是根据加连字符的基本规则，通过类推法（analogy）和内省法（introspection）而得来的。在正式的语篇中，类似的用法很少。但是作为一种语言现象，也不能根据其出现的频率来确定分析的价值。这些较少出现的用法可以视为是有标记的形式。正如 Halliday（1985：322）指出的那样，要懂得一门语言，其中一个重要方面就是要懂得什么是最典型的无标记方式说一件事情（"part of knowing a language is to know what is the most typical 'unmarked' way of saying a thing"）。因此，我们把下面几种说法的无标记形式写出来，看一下其中的相互关系。

就（5-26）而言，可以做出如下问答：

问：How many people has she asked to the party?

回答（1）：I don't know how many people she has asked to the party.

回答（2）：I don't know she has asked how many people to the party.

回答（3）：How many people she has asked to the party, I don't know.

回答（4）：She has asked how many people to the party, I don't know.

回答（5）：She has asked I don't know how many people to the party.

上面的五个回答都是正确的英语表达，回答（1）的形式应该是最典型的无标记形式，回答（5）是最典型的有标记形式。回答（1）中，"I don't know"是控制句，后面的依赖句从功能上看是"know"的补语（即宾语），"how many people"是"asked"的补语，"to the party"也是补语，不是附加语，因为是主要动词"asked"所要求的，结构就是"ask somebody to somewhere"（请某人去某地）。从功能结构看，回答（2）、（3）、（4）都是如此，尽管前后顺序有一些不同，但是每个成分的功能没变。

第二，回答（5），即例（5-26）的结构中有几个成分的句法功能发生了变化，"She has asked"成为主语，限定成分（操作词）和主要动词，"I don't know how many people"和"to the party"是两个补语（分别为传统讲的宾语和宾语补足语），即上面第一条讲到的"ask somebody to somewhere"这一结构。这里的"somebody"就是"I don't know how many people"。这显然是一个名词词组，中心语为"people"，"many"的功能是数量修饰语。但其本身是个限定词，"how"显然是修饰"many"的，"how many"因此是一个限定词词组。"I don't know"不是"people"的修饰语，不是"I don't know people"，而是修饰整个名词词组"how many people"的。一种理解是，"I don't know"是附加成分，和名词词组"how many people"一起构成一个从属型的名词词组复合体。

第三，这种解释似乎也不太确切，如果是附加语，对于名词词组似乎可有可无，但是我们发现这里没有还不行，"how many people"直接

作为 "asked" 的补语还是说不通，语义上不完整。同时，"I don't know" 既不修饰 "how"，也不修饰 "many"。也就是说，既不是 "I don't know how"，也不是 "I don't know many"，而是 "I don't know how many"。"I don't know" 是 "how many" 的修饰语，按照本文的观点，前者是后者的附加语，合起来构成限定词词组复合体，又因为这个附加语是从属于词组的，因此也属于从属型限定词词组复合体。

第四，例（5-27）、（5-28）和（5-29）三个例子基本属于同样的类型，但还是有各自的特点。（5-27）控制句的结构是动补（动宾）结构，主语是隐含的，外加一个依赖小句，这样就构成了一个小句复合体充当名词词组前置修饰语。（5-28）的前置修饰语小句有一个表示依赖小句的引导词 "what"，因此这个小句本身是一个依赖小句，而没有控制句或者主句（matrix clause）。（5-29）是通过内省法创造的名词词组，其前置修饰语是一个典型的小句复合体，"一个你一见钟情的女孩" 或者 "一个你第一次见到她就爱上她的女孩"。

这一小节的分析表明，小句充当名词词组的前置修饰语是一种概括的说法，实际情况还包括小句的各种变体，包括控制型小句、依赖型小句、主语为隐含主语（Covert Subject）的小句、小句复合体等。

5.4　汉语名词词组的级转移修饰语

这一部分我们将考察汉语名词词组的前置修饰语和英语名词词组的前置修饰语有哪些相同和不同之处。我们已经讲到，英语名词词组的结构非常复杂，而汉语的名词词组也非常复杂，但是汉语名词词组修饰语一般位于中心语之前。正因为如此，汉语名词词组的前置修饰语更加复杂。我们也从以上分析英语名词词组的几个角度进行对比分析。

以上几节的分析已经表明，英语名词词组中心语的前置修饰语和后置修饰语比较起来也同样复杂。前置修饰语包括这些类别：词、词复合体、词组、词组复合体、短语、短语复合体、控制型小句、依赖型小句、无显性主语（Overt Subject）的小句、小句复合体等。除了词以外，其他类型的修饰语都存在级转移的情况，如分类度量短语作为汉语名词词组的修饰语（张红燕、李满亮 2017），因为都是和词组同一级或者高一级的语法单位。我们从以下几个方面来进行对比分析和讨论。

第一，从标记性（markedness）角度讲，由于汉语名词词组的修饰语多数为前置修饰语，因此前置修饰语是无标记形式。我们在第三章也分析了汉语名词词组后置修饰语的情况，但是后置修饰语反倒成了汉语名词词组修饰语有标记形式，这是英汉名词词组修饰语首要的和最基本的不同之处。

第二，从书写形式看，汉语前置修饰语没有加连字符这种情况。无论是词的复合体、词组、短语及其复合体，还是小句以及小句复合体，都是直接修饰中心语，不需要加连字符。

第三，从前置修饰语和后置修饰语转换角度讲，英语名词词组的前置修饰语和后置修饰语可以互相转换，而概念意义基本不变，只是主题意义或者主位意义不同，也就是说突出的信息和强调的重点不同。例（5-30）至（5-35）可以直观地看出英语名词词组前置修饰语和后置修饰语互相转换的现象。其中例（5-30）和例（5-31）中，修饰语前置和后置都属于无标记形式。但是后面四个例子中，修饰语后置属于无标记形式，而同样的修饰语前置则相对来说属于有标记形式。

（5-30）a moderated-sized building — a building of moderate size

（5-31）a good-mannered man — a man of good manners

（5-32）the many times repeated warning —

　　　　the warning which has been repeated many times

选自 章振邦（1995：636-637）

（5-33）a dearly paid for mistake — a mistake dearly paid for

（5-34）those well nourished and well brought up children —

　　　　those children well nourished and well brought up

（5-35）the army defeated by the enemy — the defeated-by-the-enemy army

我们在第三章讨论了汉语名词词组前置修饰语和后置修饰语的问题，认为"米饭两碗"和"两碗米饭"都是以"米饭"为中心语的名词词组，

"两碗"是数量修饰语。另外，"可爱的一朵玫瑰花""一朵可爱的玫瑰花""可爱的玫瑰花一朵"都是以"花"为中心语的名词词组。我们可以看出，数量修饰语"一朵"的位置相对灵活，但是"可爱的玫瑰花"和"玫瑰花的可爱"两个词组的中心语则不同。再如，"人民的英雄"和"英雄的人民"都是名词词组，但是中心语不同，前者的中心语是"英雄"，而后者的中心语是"人民"。"这本书"是典型的名词词组，但是"书这本"却不可以。由此可见，汉语名词词组在中心语不变的情况下，数量修饰语可以前置也可以后置，但是描述修饰语、指称修饰语和类别修饰语却一般不可以后置。如果这些修饰语后置，则原来名词词组的属性或者语义会发生本质的变化，也就是说名词词组的中心语发生了变化，就不是原来的名词词组了。

英语有一些前置修饰语和后置修饰语可以互相转换，当然不是所有的修饰语都可以转换。指称修饰语不可以后置，数量修饰语也不可以后置，"this book""three books"是正确的英语表达，但是"book this"和"books three"却不是语义相同的名词词组，甚至是不符合语法规范的表达。"lesson three"中的"three"和"three students"中的"three"有所不同，前者不是指数量，而是指顺序，相当于"the third lesson"，其中心语是"lesson"，但是后者的"three"是基数词，指数量，中心语是"students"。一般描述性修饰语也不可以后置，例如"a beautiful girl"不可以说"a girl beautiful"。可以相对灵活地变换前后顺序的修饰语一般是带有附加成分的非限定小句修饰语。

第四，从语法单位的形式角度讲，许多语法单位以及语法单位的复合体可以充当汉语名词词组的修饰语。单个的词修饰中心语不存在级转移的问题，因为词组本来就是由词组成的，词是词组的直接成分。但是，词复合体是词的横向的组合，作为名词词组的成分，也属于级转移现象。此外，词组、短语、小句以及这些语法单位的复合体均可以充当名词词组的修饰语，而且大部分都是前置修饰语。

下面的例子（5-36）是评价鲁迅的，这是一个复杂的名词词组，以"英雄"作为中心语。

（5-36）鲁迅是在文化战线上，代表全民族的大多数，向着敌人冲锋陷阵的最正确、最勇敢、最坚决、最忠实、最热忱的空前的民族英雄。

选自《中国现代文学史》（一），唐弢主编，1979，第 112 页。

这个名词词组结构比较复杂，但是都是围绕中心语"英雄"进行描述的。"民族"是一个名词，充当类别语（Classifier），"空前的"是形容词，是描述修饰语（Epithet）。这两个都是词，词作为词组的成分，不存在级转移的问题。

"最正确，最勇敢，最坚决，最忠实，最热忱"这个五个结构是五个形容词词组组成的并列型的形容词词组复合体（adjectival group complex），"最"是副词，修饰后面的形容词构成形容词词组。形容词词组本来和名词词组是在级阶上处于同一个层次，当它作为词组的成分的时候，就发生了级转移。

"在文化战线上"这是一个介词短语，也充当"英雄"的前置修饰语，是"在文化战线上的英雄"，因此也是级转移的修饰语。"代表全民族的大多数"是一个动宾短语，"代表"是动词，而"全民族的大多数"这个名词词组是动词实际意义上的宾语，或者逻辑宾语，也充当"英雄"的修饰语，是"代表全民族的大多数的英雄"。"向着敌人冲锋陷阵"是一个小句，确切说是非限定小句，"冲锋陷阵"是主要动词，而"向着敌人"这个介词短语是附加语（Adjunct），修饰主要动词。这个级转移的非限定小句充当"英雄的"前置修饰语，是"向着敌人冲锋陷阵的英雄"。

（5-37）我向他问路的那位老人

这个名词词组的中心语是"老人"还是"人"呢？如果"老人"是中心语，则"老人"是一个合成名词。这里的"老"和"老师"及"老虎"中的"老"不同，是表示年龄的修饰语，是"老人"不是年轻人；而后者的"老"是一个黏着语素，不是年龄。此外，"老人"是临时组合，还可以说老树、老屋、老房子、老街等。因此，我们认为"老人"是一个名词词组，不是复合名词。

　　"那位"是指称语，但是如果后面跟的不是"老人"，而是"人"，则不能加"位"，不可以说"那位人"，可以说"那人"。"我向他问路"显然是一个小句，因为修饰中心语"人"，发生了级转移。"我"是主语，"向他"是介词短语作为附加语，"问路"是动宾短语充当谓语。"的"是名词词组的成分。对这个含有小句作为修饰语的名词词组功能句法分析如图5-2。"问路"按照汉语语法单位的分析是一个动宾短语，充当谓语。但是，从加的夫语法角度分析，"问"是主要动词，"路"是补语。"问路"不是"问时间"。

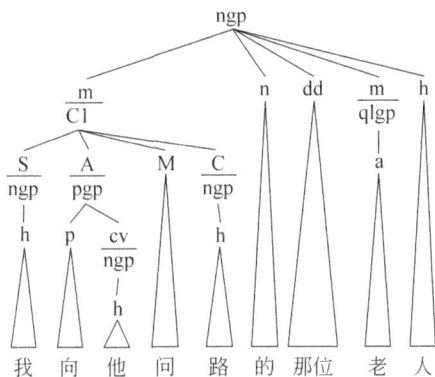

图 5-2　小句充当前置修饰语的汉语名词词组功能句法分析

5.5　结语

　　本章重点对比分析了英汉名词词组级转移修饰语的情况。结论总结如下：（1）汉语名词词组的级转移修饰语比较常见，而且大多前置；（2）英语的后置修饰语大都存在级转移情况，但是级转移的前置修饰语也普遍存在；（3）级阶的概念对于语法单位的识别意义重大，级阶和直接成分分析法、三品分析法在本质上是一致的；（4）多个形容词修饰名词词组中心语和一个形容词复合体修饰名词词组中心语不同，多个形容词不存在级转移问题，但是形容词复合体作为修饰语是级转移的修饰语；（5）词、词复合体、词组、词组复合体、短语、短语复合体、小句、小句复合体都可以作为名词词组中心语的前置修饰语，这一点在英语和汉语的名词词组中都存在。

第六章　英汉名词词组句法功能对比

6.1　引言

我们在第三章分析了英汉名词词组的功能结构，换句话说，是对名词词组的内部结构进行功能分析，而这一章主要讨论名词词组作为一个整体在英语和汉语句法结构中的功能。

句法功能指的是词语或者其他单位在一个结构体中和其他成分的关系中所填充的角色（Matthews 1997/2000：368）。或者说，某一个语法单位在组成一个句法结构中能够起到什么样的作用和功能。名词词组的句法功能指的是名词词组在同一级语法单位即别的词组或者短语中，以及高一级语法单位即小句中，充当的角色和功能。

根据 Bussmann（1996/2000：472）的总结，句法功能（syntactic function）在不同语言中有不同的意义和不同的定义。在欧洲一些屈折语言中，句法功能通常可以从格（case）表示出来，例如在德语中，名词的四个格通常可以看出其在句子中的句法功能，一格（der Nominativ, nominative）一般是做主语或者表语；二格（der Genitiv, genitive）通常做状语和定语，偶尔也可以做宾语；三格（der Dativ, dative）一般是间接宾语；四格（der Akkusativ, accusative）一般是直接宾语。当然了，这是一般情况，我们现在不研究德语的具体情况。英语语法单位的句法功能通常和句子中的结构和类型关系有关，较明显的格现象主要在于代词。例如，He 是主格，做主语、表语、补语；him 是宾格，做动词或者介词的宾语或补语；his 是所有格，做定语。

我们在对比分析英汉名词词组句法功能的同时，也对相对而言典型的特殊名词词组做功能句法分析。做功能句法分析的时候，不再拘泥于悉尼语法和加的夫语法异同的困扰，只要有助于做精密度和更加清晰的分析，一律拿来使用。

6.2 英语名词词组的句法功能

我们在上面已经讲到，名词词组的内部结构是英语所有词组和短语中最复杂的。就句法功能而言，英语名词词组在小句中除了不能做谓语，其他成分似乎都可以做，因为小句的谓语肯定是动词词组的职责所在。除了做小句的成分，名词词组还可以做其他词组和介词短语的成分，也就是说名词词组的功能不仅限于在高一级语法单位结构中，即小句中，而且在同级语法单位词组和短语中扮演角色。我们下面通过举例，分别从名词词组在级阶中同级单位和高一级语法单位中的功能两个角度来进行说明和论述。

Biber *et al.*（1999/2000：98-99）总结了英语名词词组 11 种主要的句法功能：包括主语（subject）、直接宾语（direct object）、间接宾语（indirect object）、介词宾语（prepositional object）、介词补语（complement of preposition）、主语补语（表语）（subject predicative）、宾语补语（表语）（object predicative）、状语（adverbial）、名词的前置修饰语（premodifier of noun）、同位语（apposition）、形容词和副词词组的前置修饰语（premodifier of adjective and adverb phrase）。除此之外，还有很多别的句法功能，我们这里只分析主要的句法功能，并且各举一个例子加以说明，所有的名词词组都用下划线标出。关于名词词组的其他功能，参见 Biber *et al.*（1999/2000：136-140）。

（6-1）Two women（主语）had come in and she（主语）asked them（宾语）to wait, giving them（间接宾语）magazines to look at（直接宾语）.

（6-2）The pilot（主语）saw a field ahead（宾语）.

（6-3）At primary school（介词宾语）he（主语）had been allowed to make her（宾语）a birthday card（宾语补语）.

（6-4）I（主语）don't know whether my brain（主语）can cope with all this（介词宾语）.

（6-5）He（主语）worked in a shop（介词补语）—probably at that time（介词补语）.

（6-6）Well, his son Charlie（主语）was a great mate of our Rob's（主语补语/表语）.

（6-7）No, I（主语）know but they'll probably christen her（宾语）Victoria（宾语补语）.

（6-8）Mr. Thesiger,（主语）who will be eighty next summer（时间状语）, arrived in London last week（时间状语）.

（6-9）He was also chairman of Labour's home policy（名词前置修饰语）committee.

选自 Biber et al.（1999/2000：98-99）

（6-10）A man the size of a giant came up to me.（名词后置修饰语）

（6-11）Somebody her age shouldn't do such strenuous exercises.（名词后置修饰语）

选自 Quirk et al.（1985：1293）

最后的例（6-9）、（6-10）、（6-11）相对来说特殊一点，我们在以下小节中做重点分析。我们采用结构句法分析和功能句法分析，更多关于结构句法分析参见 Saussure（1959），Chomsky（1957），Huddleston（1976），Cook and Newson（1996/2000），Gazdar, Klein, Pullum and Sag（1985），Jackson（1980），Ouhalla（1999/2001），Prakasam（1996），Radford（1988/2000）。需要指出，上面讲到的介词宾语和介词补语没有本质的区别，我们在本文中不做区别，并且按照系统功能语法的惯例，用介词补语来概括包含介词补语和介词宾语。下面小节首先分析例（6-9）。

6.2.1　结构句法分析

在"He was also chairman of Labour's home policy committee."这句中，"chairman of Labour's home policy committee"这个名词词组是整个句子的主语补足语。就词组本身而言，"chairman"是中心语，"of Labour's home policy committee"是介词短语作为后置修饰语，"Labour's home policy committee"这个名词词组是介词"of"的宾语,"committee"是中心语,"Labour's"和"home policy"是并列的两个前置修饰语,而"home policy"本身又是一个名词词组,"home"是前置修饰语,"policy"是中心语。较为特殊的是,词组、短语和小句作为名词词组的修饰语一般是后置修饰语。可以看出,结构句法的标签全部是结构标签,而不是功能标签,但是却可以看出小句中各个成分之间的关系以及各个成分内部的关系。换句话说,结构句法分析对于功能句法分析有很大的借鉴作用。结构的分析少不了功能的概念,功能的分析也离不开结构。离开了结构,功能便无从谈起,特定的功能必须存在于特定的结构中,特定的结构决定了结构中各个成分的特定功能。

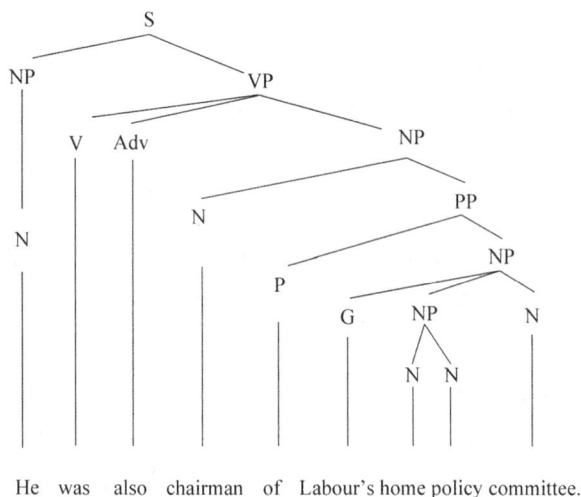

He　was　also　chairman　of　Labour's home policy committee.

图 6-1　结构句法分析

（S=sentence 句子；NP=noun phrase 名词词组；VP=verb phrase 动词词组；N=noun 名词；V=verb 动词；ADV=adverb 副词；PP=prepositional phrase 介词短语；P=preposition 介词；G=genitive 名词所有格或属格名词）

上面的分析法是结构主义句法分析的常见方法,主要采用直接成分分析法（Immediate Constituent Analysis）,简称 IC Analysis。Bloomfield（1933/2001：168-169）最早提出直接成分分析法,认为只有直接成分分析才能够准确分析复杂结构的内部关系，而把复杂的结构分析成最终成分（ultimate constituent）是无法理解的。例如小句 "Poor John ran away." 的最终成分是由五个语素组成，"Poor，John，ran，a，way"，其中前三个是自由语素，"away" 中，"a" 是黏着语素，也可以用在诸如 "a-lone""a-round""a-shore" 等类似词语中。这样的分析意义似乎不大或者基本没有意义，因为这样的分析还是看不懂各个成分内部的关系。只有直接成分分析才能够理清小句内部各个成分的结构关系。小句 "Poor John ran away." 的直接成分是两部分 "Poor John" 和 "ran away"。"Poor John" 的直接成分是 "Poor" 和 "John"，而 "ran away" 的直接成分是 "ran" 和 "away"，"away" 这个词的直接成分是两个语素 "a" 和 "way"。更多关于直接成分分析，参见胡壮麟（2001：122；2017：69）。

由此可见，句子的直接成分是 NP（名词词组）和 VP（动词词组），N（名词）是句子的成分，但不是句子的直接成分，名词 N 是名词词组 NP 的直接成分。句子的直接成分分为 NP 和 VP 两部分，是采用句子成分二分法（binary analysis）。所谓二分法，就是句子的成分只有两个，一个是主语，一个是谓语。主语就是由名词词组体现，谓语就是由动词词组体现。定语（attributive）、修饰语（modifier 或 Qualifier）、同位语（apposition）都是名词词组或者其他词组的直接成分，而不是句子的直接成分。其他成分，如宾语（object）、状语（adverbial）、补语（complement）、表语（predicative）都是谓语的一部分，或者说是谓语的直接成分，而不是句子的直接成分，也就是 VP 的直接成分。

上面这个例子中，VP 的直接成分是动词 V、副词 ADV 和名词词组 NP。这里的名词词组实际上是宾语，或者叫补语，它的直接成分有两个，名词 N 作为中心词，介词短语 PP 是后置修饰语。介词短语的直接成分是介词 P 和名词词组 NP，这个名词词组实际上是介词的补语。这个名词词组的直接成分有三个，G 属格名词，或者名词的所有格，实际上和限定词（determiner）的功能相近。其中一个直接成分名词 N 是中心语，另外一个直接成分 NP 是修饰语。这个名词词组有两个直接成分，都是名词，后面的 "policy" 是中心语，"home" 是修饰语。

直接成分分析法能够清楚地显示成分之间的内部结构关系，不仅对于句子分析，而且对于句子的理解都是有帮助的。我们下面要做的功能句法分析，虽然没有说直接成分，但实际上也是直接成分分析。区别在于，各个成分的标签是功能标签。直接成分分析法和系统功能语法讲的级阶是一致的。小句的直接成分是词组而不是词，词是词组的直接成分，词的直接成分是语素。从级阶角度讲，语素、词、词组、小句构成级阶，小句是级阶中最高一级的语法单位，语素是级阶中最低一级的语法单位。

6.2.2　功能句法分析：悉尼语法模式

功能句法是系统功能语言学的重要组成部分，和结构句法既有联系，又有自己的特点，把形式和意义结合起来。纵观功能句法，主要有两种主要不同的模式：悉尼语法模式和加的夫语法模式。功能句法分析一则采用 Halliday（1985，1994/2000）的分析方法，按照 Fawcett 的说法称为悉尼语法和加的夫语法的分析法。因为 Halliday 是系统功能语言学创始人，我们在这里把 Halliday 的分析的标题称为悉尼语法模式，只是为了叙述的方便。因为加的夫语法是系统功能语言学的重要组成部分，因此加的夫语法分析也是功能句法分析，我们把标题定为"功能句法分析：加的夫语法模式"。

按照系统功能语法（如 Halliday 1985，1994/2000；Halliday and Matthiessen 2004/2008，2014；Thompson 1996/2000，2004/2008，2014；Bloor and Bloor 1995/2001，2004，2013；Eggins 2004；Martin 1992/2004，2013；Martin，Matthiessen and Painter 2010；Matthiessen and Halliday 2009），小句可以从经验、人际、语篇三个角度进行考察。但是，这个小句本身的结构非常简单，复杂的是内部的名词词组，而这个名词词组内部又有一个名词词组作为其前置修饰语。我们再用系统功能句法从经验、人际、语篇三个角度分析如下，为了把结构标签和功能标签加以区别，我们按照系统功能句法分析的惯例，所有的功能标签首字母都大写。

对表 6-1 的分析进行解读，应该是这样的：从经验角度进行及物性分析，这个小句包含一个关系过程（relational Process），主要的参与者角色有载体（Carrier）"He"、过程"was"。"also"是环境成分（Circumstantial Element），名词词组"chairman of Labour's home policy committee"是

表6-1　功能句法分析：悉尼语法模式

小句	He	was	also	Chairman	of	Labour's	home	policy	committee.
词汇语法 lexicogrammar	名词	动词	副词	名词	介词	属格名词	名词	名词	名词
				事物 Thing	过程 Process	指称语 Deictic	类别语 Classifier	事物 Thing	事物 Thing
				中心语 Head	谓词 Predicator	前置修饰语 Premodifier	前置修饰语 Premodifier	中心语 Head	中心语 Head
				α	介词短语 prepositional phrase	β	β	α	α
					后置修饰语 Qualifier		名词词组	类别语 Classifier	
					后置修饰语 Postmodifier	范围 Range			
					β	朴语 Complement			
						名词词组			
	名词词组	动词词组	副词词组	名词词组					

续表

小句		He	was	also	Chairman	of	Labour's	home	policy	committee.
经验结构 Experiential Structure		载体 Carrier	关系过程 Relational Process	环境成分 Circumstantial Element	属性 Attribute					
人际结构 Interpersonal Structure		主语 Subject	限定词/谓语 Finite/ Predicate	附加成分 Adjunct	补语 Complement					
语篇结构 Textual Structure	主位结构	主位 Theme	述位 Rheme							
	信息结构	已知信息 Given Information	新信息 New Information							

属性（Attribute）；从人际角度看，"He"是主语（Subject），"was"是限定成分（Finite）和谓语（Predicate）的融合（fusion），"also"是附加成分（Adjunct），后面的名词词组"chairman of Labour's home policy committee"是补语（Complement）；从语篇角度看，主位系统分析，"He"是主位（Theme），是信息的起点，剩余部分"was also chairman of Labour's home policy committee"是述位（Rheme），是对主位的进一步描述。而从信息结构看，"He"是已知信息（Given Information），既然用了"He"，说明上文提到过，所以是已知的信息，而剩余部分"was also"则为新的信息（New Information）。

以上这样的分析只是总体的分析（global analysis），我们还可以对其中比较复杂的名词词组进行局部分析（local analysis）或者精密度分析（analysis by delicacy 或 delicate analysis）。名词词组的分析我们从经验和人际两个角度进行。

从经验结构来看，在名词词组"chairman of Labour's home policy committee"中，"chairman"是事物，后面的介词短语是后置修饰语（Qualifier），介词短语中"of"是过程，因为按照 Halliday（1994/2000）的观点，介词相当于一个次要动词（minor verb），因而这个次要动词体现的是次要的过程（Minor Process），而其后的名词词组"Labour's home policy committee"则是范围（Range）。而这个名词词组中，"committee"是事物，"Labour's"是指称语，"home policy"是类别语，而类别语本身又是一个名词词组，"policy"是事物，"home"是类别语。

从逻辑结构角度分析，"chairman"是中心语，α，"of Labour's home policy committee"是后置修饰语（Postmodifier），β，"of"是谓词（Predicator），"Labour's home policy committee"是补语（Complement）。这个名词词组中，"committee"是中心语，α，"Labour's home policy"是前置修饰语（Premodifier），β，其中"home policy"又是一个名词词组，"policy"是中心语，α，"home"是前置修饰语，β。到此为止，对这个小句做了精密度的细致分析。

这个分析法用表格的方式，既能看出结构层次、直接成分和成分之间的结构关系，也标示出各个成分在上级单位中的功能。

6.2.3 功能句法分析：加的夫语法模式

作为系统功能语言学重要组成部分的加的夫语法，用树形图做句法分析，既有结构分析，又把结构中每个形式项（item）包括标点符号都进行了精密度分析，进而把结构分析和功能分析融为一体。我们仍然分析例（6-9），并且对加的夫语法分析的方法以及各种符号做一个简单的介绍和说明（见图6-2）。

我们对下图做一个解读，"He was also chairman of Labour's home policy committee." 这是一个小句 clause（Cl），是一个单位（unit），这个单位由五个成分（elements）来组成（is composed of），用斜线或竖直线（"/｜\"）表示组成关系，小句的成分用大写字母表示，S = Subject 主语，M = Main Verb 主要动词，A = Adjunct 附加语，C = Complement 补语，E = Ender 结束语，主要是小句中的句号，也可能是问号或者感叹号，标志着

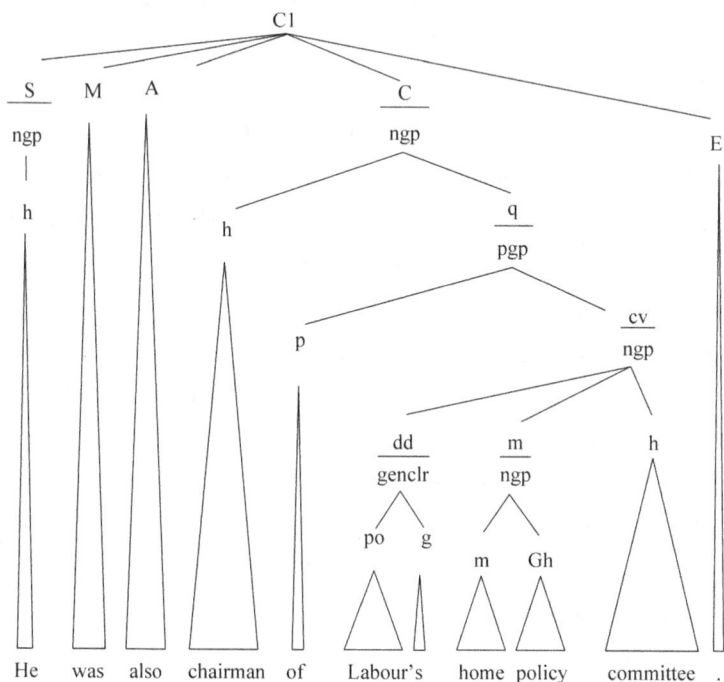

图 6-2　功能句法分析：加的夫语法模式

小句的结束。每个成分由另外一个单位来填充（filled by），用横直线（"—"）来表示。主语由一个名词词组（ngp = nominal group）来填充，这个名词词组只由一个成分，中心语（h = head）组成，这个成分由形式项（item），就是具体的词"he"来体现（expounded by），用等腰三角形（"△"）来表示。主要动词和附加语由分别"was"和"also"来体现，结束语由句号（"."）来体现。加的夫语法的语法范畴没有动词词组，动词是小句的直接成分，而且是功能标签。关于加的夫语法更多的分析方法和原则，参见 Fawcett（1973/1981，1980，2000，2008a，2008b）。

我们上面分析的例子，名词词组做主语、做补语、做介词的补语，还可以做名词词组中心语的前置修饰语。例（6-10）、（6-11）中，名词词组做后置修饰语。我们不再分析整个句子，只分析名词词组"A man the size of a giant"和"Somebody her age"。

（6-10）A man **the size of a giant** came up to me.

（6-11）Somebody **her age** shouldn't do such strenuous exercises.

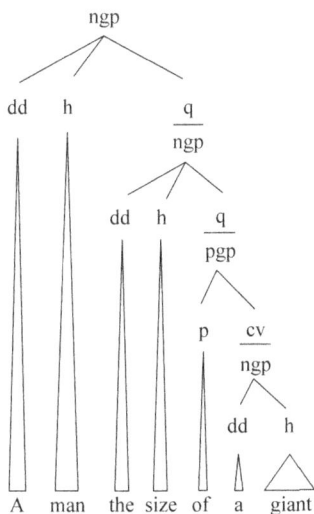
图 6-3

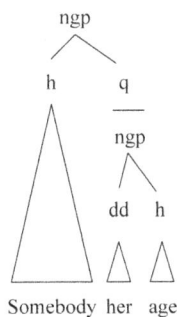
图 6-4

名词词组充当名词词组后置修饰语功能句法分析：加的夫语法模式

以上的分析是按照加的夫语法的模式进行树形图分析，虽是树形图，但是其分析的基本原则和思想与结构句法分析的原则不同。既有词组内部结构的分析，同时又对结构里面每一个成分的功能做出了精密度分析。当然，结构句法分析虽然只标出了成分的结构标签，但也包含功能的思想。也就是说，两种分析方法可以互相借鉴。表 6-1 和表 6-2 都是悉尼语法分析。

表 6-2　名词词组充当名词词组后置修饰语功能句法分析：悉尼语法模式

名词词组	a	man	the	size	of	a	giant
词汇语法	限定词	名词	限定词	名词	介词	限定词	名词
						名词词组	
					介词短语		
			名词词组				
经验结构 / 逻辑结构	指称语 / 前置修饰语	事物 / 中心语	后置修饰语				
			指称语 / 前置修饰语	事物 / 中心语	后置修饰语		
					过程	范围	
						指称语	事物

名词词组整体还可以做另外一个名词词组的同位语（如，例 6-12，6-13，6-14 三个例子中的斜体部分）。

（6-12）Your brother, *a proud and unbending man*, refused all help that was offered him.

（6-13）Winston Churchill, *Britain's prime minister during the Second World War*, died in 1965.

（6-14）Playing football, *his only interest in life*, has brought him many friends.

选自 章振邦（1995：643）

除此之外，Carter and McCarthy（2006：319）还总结了英语名词词组其他几个常见的功能。概括如下：

（6-15）The train wan <u>an hour</u> **late** leaving Milan.（*形容词词组的修饰语*）

（6-16）Two <u>days</u> **before** we left, we still hadn't heard from her.（连词词组的修饰语）

（6-17）We agreed that <u>two meetings</u> **ago**.（副词词组修饰语）

（6-18）He lives <u>three hours</u> **along our street**.（介词短语前置修饰语）

（6-19）She watches <u>children</u>'s **TV** in the classroom.（'s 结构中的核心成分）

　　从这些例子中可以看出，英语名词词组不仅内部结构极其复杂，而且句法功能也很强大。可以说是其他任何类别的词组和其他语法单位无法比拟的。但是，我们同时也必须明确，所谓名词词组可以承担除了谓体之外的任何小句成分这样的说法，是对名词词组这一个类别而言。对于具体某一个名词词组来说，则不是说它可以承担任何一个句法功能。例如，名词词组 "this morning" 可以在小句中充当附加语，但是 "this boy" 这个名词词组却不可以充当附加语，前者指时间，后者指人，或者确切地说，前者和后者的中心语不同。由此可见，中心语的词汇因素（lexical factor）也会影响名词词组整体的具体句法功能。即使是说名词词组可以作为介词的补语，但也不是任何一个名词词组都可以做任何一个介词的补语的，还有语义的要求。例如，"for the boy" 可以，"in the boy" 似乎很费解，一般不这样使用。由此类推，不仅名词词组的句法功能如此，任何一个语法单位的句法功能无不如此。

6.3　汉语名词词组的句法功能

　　我们在上面讲到，英语名词词组除了不可以做谓语，小句的其他成分都可以做，还可以在词组和短语中做成分。这一部分我们要探讨一下汉语名词词组的句法功能和英语名词词组的句法功能有哪些相同和不同之处。汉语名词词组的句法功能也可以分为名词词组在词组和短语中的功能以及在小句中的功能（参见何伟、高生文等 2015：115-123）。

　　我们在这一节从反面的角度来考察汉语名词词组的句法功能，即相对于英语名词词组的句法功能来说，这些功能汉语名词词组可不可以承担。当然了，在讨论名词词组的句法功能时，还是要围绕小句、词组和短语进行。小句在级阶上是比词组高一级的语法单位，词组是小句的直接成分，而名词词组作为词组和短语的成分时存在级转移的问题，因为名词词组和其他词组和短语在级阶上属于同一级。和词组临近的是词，但是词在级阶上是比词组低一级的语法单位，因此词组不可能在词的结构中充当成分。至于小句复合体，它的直接成分是小句，与名词词组还隔着一个小句，所以也没有必要讨论名词词组在小句复合体中的功能。英语的小句相当于汉语的单句，而英语的小句复合体则相当于现代汉语的复句。

6.3.1　汉语名词词组在小句中的功能

要讨论汉语名词词组的在小句中的功能，我们先从小句的主要成分入手，然后逐一考察这个功能空位（functional slot）是否可以由名词词组来填充（fill）。我们这里只讨论主类小句或者整句（major clause），而不讨论次类小句或者零句（minor clause）。前者指的是完整的句子，后者指的是类似"Good morning!"和"Congratulations!"这样的句子。汉语的零句类似"好球！""请进！""你好！"。Matthews（1997/2000：227）还指出了另外一种情况，"God help us!"这个也属于零句，而"God helps us!"则属于整句。次类小句又叫不完全句，可替换术语为"non-favorite sentence（非惯用句），sentence fragment（句子片断），verbless sentence（无动词句）"（Hartmann and Stork 1972/1981：216）。关于整句和零句的更多论述，参见 Crystal（2000：213），Bussmann（1996/2000：306），Jackson（2007/2016：43）。

根据刘月华、潘文娱、故铧（2007），张斌（2010），朱春耕、高燕（2013），现代汉语小句（即单句）的成分，即功能空位，主要包括主语（Subject）、谓语（Predicate）、宾语（Object）、定语（Attributive）、状语（Adverbial）、补语（Complement）。其中，定语在本质上就是名词词组中心语的修饰语，分为前置定语和后置定语。为了思路清晰，我们把名词词组作为词组和短语的成分在第 6.3.2 节中讨论。我们通过分析以下几个例子，讨论汉语名词词组在小句中的句法功能。我们将名词词组标下划线，把例（6-20）用加的夫语法做句法分析（见图 6-5）。

（6-20）我 昨天 在上海书城买到了 张老师推荐的那本书。

选自 张斌（2010：380）

（6-21）他 北京人，瘦高个儿，圆脸庞，大眼睛。

选自 刘月华、潘文娱、故𬟽（2007：452）

（6-22）他 两天 看了一本书。

（6-23）这本书 他看了两天还没看完。

选自 刘月华、潘文娱、故𬟽（2007：633）

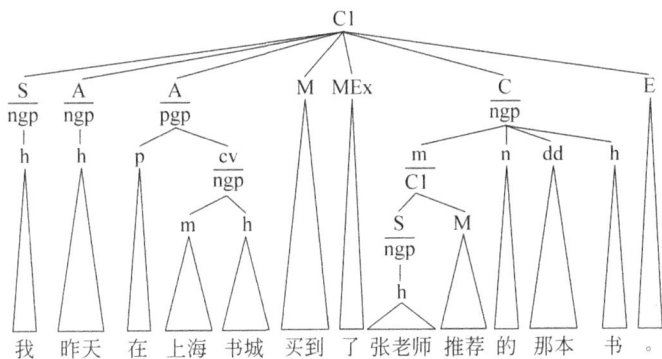

图 6-5　汉语小句的功能句法分析

我们从以下几个方面分析和讨论汉语名词词组在小句中的功能。

第一，就例（6-20）而言，主语"我"，其中的一个附加语"昨天"，补语（即宾语）"张老师推荐的那本书"都是由名词词组来组成。补语自不必说，从形式上来看就是典型的名词词组。但是主语和附加语"我"和"昨天"从形式上来看是两个单个的词，而且是名词，但是在这里我们不能直接说它们是名词，而是名词词组，而名词词组只由一个中心语来组成。因为填充的主语是小句的成分，小句的直接成分是词组而不是词，词是小句的成分但不是小句的直接成分。这里讲的附加语就是状语，而补语就是宾语。"张老师"也是作为主语，是专有名词充当名词词组的中心语。"张老师推荐"按照汉语的语法分类应该是主谓短语和"的"一起充当定语。按照系统功能语法的术语，这是一个限定小句，"张老师"是主语，"推荐"是主要动词。

第二，汉语名词词组是主语这个功能空位的主要填充物（filler）。我们在上面谈到英语名词词组的句法功能时指出，名词词组充当某一个句子成分，指的是名词词组这一个类别，而不是具体到每个名词词组都可以充当某一个特定的成分。汉语名词词组是否如此呢？但是就主语而言，几乎所有的名词词组都可以充当主语。例如，表示时间的名词"昨天"在上面的句子里是附加语，而在"昨天是星期六"中是主语。

总的来说，从做主语、宾语（补语）和状语（附加语）角度来讲，英语名词词组和汉语名词词组的差别不大，具有极大的相似性。

第三，在例（6-21）中，"他"是主语无疑。而后面的"北京人""瘦高个儿""圆脸庞""大眼睛"是几个并列的名词词组作为谓语，在汉语的语法中称为名词谓语句。这几个名词词组简单线性分析（linear analysis）如下（线性分析是相对于树形图而言，是直线型的水平分析，相对树形图而言节省了很多空间）：

北京（m / Classifier）人（h）

瘦（m）高（m）个儿（h）

圆（m）脸庞（h）

大（m）眼睛（h）

这一点是英语名词词组和汉语名词词组在句法功能方面最大的不同。英语名词词组是不可以做谓语的。在英语中，谓语总是和动词紧密联系在一起，因而有"谓语动词"一说，而汉语的小句可以没有动词。"他北京人"这句话，在英语中也要加上连系词（copula）"He is a Beijinger."而不能是"He a Bejinger"。关于名词词组作为小句谓语，在加的夫语法原有的系统中没有对应的标签。至于这几个并列的名词词组，在一起形成了并列型名词词组复合体（参见第十章）。

第四，按照汉语语法的一般分析方法，在（6-22）和（6-23）两个例子中，名词词组"他"是主语，"一本书"和"这本书"都是宾语。所不同的是，名词词组"两天"在（6-22）中是状语，表示看书所用的时间，而在（6-23）中是补语，表示看书持续的时间（参见刘月华、潘文娱、故韡2007：633）。这里讲的宾语是和系统功能句法里讲的补语的内涵是一致的，宾语或补语是过程所要求的。但是，汉语讲的补语显然和功能语法讲的补语是不同的，汉语的补语不是过程要求的。

总之，根据以上的分析，我们可以得出这样的结论：汉语名词词组在小句中可以充当主语、宾语、补语、状语、谓语等所有的小句成分。和英语名词词组相比，只有作谓语的不同。

6.3.2　汉语名词词组作为级转移成分

名词词组在词组和短语的内部结构中的功能也可以称作句法功能，因为词组和短语也是小句的成分。名词词组作为小句的成分不存在级转移的问题，但是作为词组和短语的成分则发生了级转移，主要表现在以下几个方面。

第一，名词词组作为介词补语。"在上海书城"是一个介词短语，"在"是介词，而"上海书城"这个名词词组是介词的补语。这个名词词组不是小句的内部成分，而是介词短语的直接成分。作为介词短语补语的名词词组发生了级转移的问题，因为名词词组和介词短语在级阶上处于同一级，而现在作为介词短语的内部成分。

第二，名词词组作为名词词组的内部结构的修饰成分。如例（6-24）。从图 6-6 的分析可以看出，作为名词词组中心语的修饰语不是单个的词，而是名词词组整体。

（6-24）他是我哥哥的老师的孩子的同学。

选自　刘月华、潘文娱、故韡（2007：497）

第三，除此之外，名词词组在主谓短语、动宾短语、副词词组、的字短语等结构中都承担相应的功能。

主谓短语虽然不是小句，但是有逻辑上的主谓关系。主谓短语"大家讨论"中，"大家"是主，"讨论"是谓。但这里的"大家"是名词，而不是名词词组，因为"大"和"家"是两个语素，组成一个词，不能

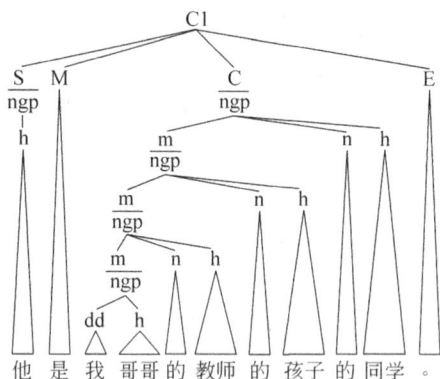

图 6-6 名词词组作为名词词组修饰语的功能句法分析

理解为"家"是中心语,"大"是前置修饰语。"大"和"家"分开没有和"大家"作为一个整体相关的独立的意义。又因为这是主谓短语的成分,词作为词组的成分也没有任何争议。但是,在"你们大家讨论"和"全体同学讨论"这样的主谓短语中,"你们大家"和"全体同学"显然是典型的名词词组,只不过前者是联合结构而后者是偏正结构而已。

　　动宾短语,顾名思义,是动词加上其逻辑宾语,其逻辑宾语有可能是名词也有可能是名词词组。例如,"访问老师"是一个动宾短语,"访问"是动词,"老师"是宾语,这里的"老师"是名词而不是名词词组。但是在"访问我们敬爱的老师"中"我们敬爱的老师"显然是典型的名词词组作为"访问"的逻辑宾语。

　　主谓短语和动宾短语中充当"主"和"宾"的成分绝大多数是名词或者名词词组,而且绝大多数类别的名词词组都可以担任这两个角色。但是,担任副词词组修饰语的名词词组则不然,并不是所有类别的名词词组都可以作为副词词组的修饰语。"以前"是一个副词,"两年以前"是副词词组,"两年"是名词作为其前置修饰语,"艰辛的两年以前"中"艰辛的两年"是名词词组。类似的作为修饰语的名词或者名词词组都表示时间,换句话说,表示时间的名词和名词词组可以作为副词的前置修饰语,但是表示人的名词和名词词组未必如此,如"*老师以前"和"*两个老师以前"似乎不是妥当的表达,语义上也不通。

至于"的"字结构，大多数名词和名词词组可以和"的"字组成特殊的"的"字结构，如"老师的教案""两个老师的教案""我们两个敬爱的老师的教案""桌子的颜色""木头桌子的颜色""昨天的故事""美好的昨天的故事"等。我们在本文中把"的"在名词词组中的功能叫做"nominal group element，n"。"之"在汉语名词词组的功能和"的"有很多相似之处（参见张薇薇、李满亮 2017b）。

我们在以上两小节中简单分析了汉语名词词组在小句和词组以及短语中的句法功能。需要指出的是，我们不可能也没有必要穷尽所有类别的名词词组在所有语法单位和结构中的所有句法功能，而是管窥其中最重要的、最常见的典型的句法功能，并且和英语名词词组的句法功能进行对比。

我们在分析英语和汉语名词词组在小句中的句法功能时，只分析了其在陈述小句（declarative clause）中的功能。但是，在其他类型的小句，如感叹小句（interjective clause）、疑问小句（interrogative clause）、祈使小句（imperative clause）中功能类似，因为我们分析的是核心句（kernel clause），即 SAAD clause，**S**imple 简单句、**A**ffirmative 肯定句、**A**ctive 主动句、**D**eclarative 陈述句（参见 Huddleston and Pullum 2005/2008）。而其他句型都是在核心句基础上的转换，因此名词词组在这些小句中的句法功能和在核心句中的句法功能差别不大。

6.4　结语

本章主要对比分析了英汉名词词组的句法功能，而句法功能主要在于两个层面，即在小句中的句法功能以及在小句中各个成分中的句法功能。我们识别功能，并且对不同的功能做句法分析。通过对比分析，我们得出如下结论：（1）英语名词词组在小句中可以承担除谓体之外的所有小句成分，这是针对名词词组这一个类别而言，对于具体的名词词组而言，其句法功能还要受到其中心语的词汇因素以及语义因素的影响；（2）英语名词词组除了在小句中承担成分，还可以在词组和短语中作为级转移的修饰语或者级转移的成分，也是针对其类别；（3）汉语名词词组可以在小句中承担任何功能，但是作为谓语的话，在加的夫语法原有的分析体系中还没有对应的功能标签；（4）我们分析的小句只是陈述小句，而且是核心小句，但是其功能在疑问小句、祈使小句、感叹小句中的功能和在陈述句的功能基本相同，没有必要再探讨在别的类型的小句中的功能。

第七章　英汉名词词组语篇功能对比

7.1　引言

我们在上面一章主要探讨和分析了英汉名词词组在同级语法单位即词组和短语，以及高一级语法单位即小句中的句法功能。系统功能语言学非常关注语篇，语篇功能意味着我们用语言来组织信息，使得信息和同一语篇的语境（context of cotext）、情景语境（context of situation）以及文化语境（context of culture）相符合（参见 Halliday 1985，1994/2000；Halliday and Hasan 1985/2012；Halliday and Matthiessen 2004/2008，2014；Thompson 1996/2000，2004/2008，2014）。

纯理功能里面讲到的语篇功能是语言作为一个整体的抽象的元功能，我们这里讲的语篇功能是一个语法单位在具体语篇中，在构成语篇的过程中的功能和所起的作用（参见 Halliday and Hasan 1976/2001）。名词词组在英语和汉语中除了在词组、短语、小句中扮演角色，在语篇中的功能也举足轻重，我们在这一章主要对比分析英汉名词词组在语篇中的功能。现代语言学有一种趋势，即句法研究超出传统的句子的界限，逐渐关注语篇中、段落中句子和句子之间的关系，由此出现语篇语言学（text linguistics）和语篇分析（discourse analysis）这一新的研究视角（参见胡壮麟 2017：84）。

7.2　语篇与语篇功能

在讨论语篇功能之前，我们有必要先搞清楚语篇和非语篇的区别，以及语篇和语法单位的区别和联系。而语篇分析中最重要的两个概念就是衔接（cohesion）和连贯（coherence）。我们将对这几个问题逐一理清。

首先，语篇（text/discourse）是一个语义单位（semantic unit），而不是一个语法单位。术语"text"和"discourse"都可以翻译成"语篇"，但是"text"更强调和侧重书面语篇，而"discourse"更强调和侧重口语语篇（胡壮麟 2017：84）。因此，"discourse"有时翻译成"话语分析"（李悦娥、范宏雅 2002）。我们不能理解为语篇是比句子大的单位，语法单位和语义单位不是大小的关系，我们前面已经讲过，语言的三个层次中，语义是由词汇语法来体现的。也就是说语篇是由语法单位来体现的（参见 Halliday and Hasan 1976/2001：1-2；Halliday and Matthiessen 2014：660）。语篇是在语义级阶中最高的单位，和情景语境密切相关（Matthiessen, Teruya and Lam 2010/2016：247）。

其次，语篇是一个语义连贯的统一体，它和许多句子的集合（collection of sentences）不同。句子的集合是非语篇（non-text）。语篇和非语篇的主要区别在于，语篇具有语篇特征（texture），而非语篇则没有语篇特征（参见 Halliday and Hasan 1976/2001；黄国文 1988，2001a）。更多关于语篇的概念，参见 Jackson（2007/2016：72），Baker and Ellece（2011/2016：161），Halliday and Matthiessen（2014）。

我们看以下两个例子，例（7-1）和（7-2）：

（7-1）I bought a Ford. A car in which President Wilson rode down the Champs Elysées was black. Black English has been widely discussed. The discussion between the presidents ended last week. A week has seven days. Every day I feed my cat. Cats have four legs. The cat is on the mat. Mat has three letters.

选自（Enkvist, N. E., 1978, Coherence, Pseudo-coherence, and Noncoherence, in Ostman <ed.> 1978, *Cohesion and Semantics*,

引自黄国文（1988：13）

（7-2）A long time ago, a crane fell in the snow in the mountains. She was caught in a snare. A young man who was walking in the mountains found the crane. He saw that she was caught in a snare, so he released her and she flew away. A few days later, a beautiful woman visited the young man's house at midnight. She told him that she had lost her way in the mountains. She asked him if she could stay at his house that night. The young man, who fell in love with her at first sight, said she could stay.

我们可以看出，第一，例（7-1）貌似语篇，在语义上却没有连贯性，整篇的每个句子各讲各的，语义上不是一个整体，读了以后不知所云，因此是非语篇，是一些独立的句子组成的集合。第二，例（7-2）是真正的语篇，每个句子在语义上都有连贯性，所有的句子组成一个语义连贯的整体，因此是真正的语篇。语篇分析可以从不同的角度进行，可以是语篇分析的理论和应用（如黄国文 1988；丁言仁 2000；李悦娥、范宏雅 2002），可以分析不同类型的语篇（如黄国文 2001a）、不同语言的语篇（如胡曙中 2005），使用特定理论的语篇分析，如使用功能语言学作为理论框架的语篇分析，即功能语篇分析（黄国文 2001a；黄国文、葛达西 2006；黄国文、赵蕊华 2021）等等。

第三，衔接和连贯是语篇分析中两个最重要的概念，而且衔接和连贯都是语义概念。根据 Halliday and Hasan（1976/2001：4），Thompson（1996/2000：147；2004/2008：179；2014：215）的观点，衔接是一个语篇现象（textual phenomenon），衔接通过语言手段（linguistic devices）使得说话人和作者展示出语篇的经验连贯和人际连贯。而连贯是存在于说话人或作者和听话人或读者的头脑之中，二者通过共有的知识（shared knowledge）实现对语言的理解，因此连贯是一个心理现象（mental phenomenon）。我们在这一章主要分析在实现语篇衔接和连贯的时候，英汉名词词组起了什么样的作用。

第四，和语篇关系密切的另一个重要概念就是语域。我们在这里把语域做一个简单的介绍，因为这和接下来的分析密切相关。方言（dialect）和语域（register）是语言的两种类型的变体。不同的是，方言是由于语言使用者的不同造成的语言变体（language variation according to user），而语域是由于语言使用不同造成的语言变体（language variation according to use）（Halliday 1978/2001：110）。前者关注的是语言的使用者是谁，后者关注的是语言的使用者在做什么。例如，我们传统讲的小说、诗歌、散文、戏剧是不同的语域，日常会话、报纸文章、学术论文是不同的语域，甚至在都是学术论文的情况下，法学论文和语言学论文也是不同的语域。

我们在分析名词词组的语篇功能时，选择几个不同语域的语篇进行比较，看看名词词组在不同语域的语篇中的功能有什么变化。我们依次从语法手段和词汇手段等角度考察名词词组在语篇的组织过程中起着什么样的作用。

7.3 英语名词词组的语篇功能

上一章我们分析了英汉名词词组的句法功能。在形成一个语义连贯的语篇时，很多语法单位参与其中，具有各自的功能。那么内部结构极其复杂、句法功能极其强大的名词词组在形成语篇的时候起着什么样的作用呢？这一章考察名词词组的语篇功能，就是要回答这个问题。

根据 Halliday and Hasan（1976/2001），Thompson（1996/2000，2004/2008，2014），Halliday（1985，1994/2000），Halliday and Matthiessen（2004/2008，2014），黄国文（1988，2001a），胡壮麟（1994），胡壮麟、朱永生、张德禄、李战子（2005），丁言仁（2000）等文献，衔接手段（cohesive devices）主要包括语法衔接（grammatical cohesion）和词汇衔接（lexical cohesion）。语法衔接包括照应（reference）、替代（substitution）、省略（ellipsis）、连接（conjunction）。词汇衔接包括复用（reiteration）和搭配（collocation）。具体情况非常复杂，但是我们可以看到，所有这些手段都或多或少和名词词组有某种联系。主要表现在以下几个方面。

第一，照应主要讨论的是代词代替前文或者后文的名词或者名词词组，替代也有名词性替代（nominal substitution），省略也包括名词性省略（nominal ellipsis）。简言之，名词性替代和名词性省略中，代名词或者代副词等替代和省略的都是名词词组或者相当于名词的词组。连接主要是通过并列连词如"and""but""or"等，从属连词如"when""although""because"等，以及起连接作用的副词如"therefore""however""consequently""nevertheless"等来实现。

然而，除了这些主要的手段以外，名词词组也可以在语篇中或者句子和句子之间起到连接的作用。根据 Thompson（1996/2000：156-157；2004/2008：189；2014：225）的观点，连接指的是把任何两个语篇成分连接成本质上具有潜在连贯的复杂语义单位的手段，那么这个手段也完全可以是由名词词组来承担。例如，例（7-3）中的斜体部分就是名词词组，这样的名词词组起到了连接两个句子的功能。

（7-3）The Prince alienated the aristocracy because he did not visit. This was probably *not a question of snubbing them* or *of snobbery* but *of a certain rectitude.*

选自 Thompson（2004/2008：189）

第二，除了语法衔接手段之外，词汇衔接手段更是和名词词组关系密切。复用（reiteration）很多时候是名词词组的复用。Halliday and Hasan（1976/2001：278）指出，词语的复用，并不一定是同样词语的重复（repetition of the same words），还可以是同义词（synonym）、近义词（near-synonym）、上下义词（hyponym）以及概括词（general word）和具体词（specific word）。这些类型的复用基本都是和名词或者名词词组相关。而搭配主要指的是一般共同出现的词语的相互联系而形成的衔接手段（Halliday and Hasan 1976/2001：284）。这些共同出现的词语，其中一个很重要的类别就是名词词组。例如，例（7-4）中如 "grammar" "grammatical constructions" "linguistic competence" "grammatical phenomenon" "an individual language" "English" 这些名词词组都对这个语篇的衔接和连贯起着重要作用，而这些词组都是和语言有关的词和词组，属于词汇的搭配。而 "grammar" 和 "grammatical" 显然是词汇复用的例子。同时，我们也可以说，这些名词词组起着连接的作用。

（7-4）**Grammar** can be studied from **several different perspectives**. **One basic difference** lies in whether **the primary goal** is theoretical or descriptive. **Studies with (a theoretical orientation)** focus on discovering **(abstract underlying principles) in relation** to (a model of linguistic competence), typically analyzing relatively (few grammatical constructions in depth). In contrast, descriptive studies (such as ours) attempt to provide a more comprehensive characterization of (grammatical phenomenon in an individual language like English).

选自 Biber et al.（1999/2000：6）

第三，Biber et al.（1999/2000：232）指出，英语名词词组除了在小句中具有重要的角色之外，在语篇中可以明确语篇是关于谁、关于什么的。相反，如果把一个语篇中所有的名词词组都去掉，读者很难看出这个语篇是关于什么的。从这个角度讲，名词词组在把语篇组织成一个语义连贯的语篇上，显然起到了连接和衔接的作用。

例（7-4）是一个学术语篇，内容是关于语法的。语篇中所有的名词词组用下划线和加粗来标出，名词词组里面的名词词组再加括号。其实，括号里面的名词词组还套有名词词组。仅考察出现名词词组的频率便足以看出名词词组在语篇组织中的作用。假如把这个语篇中所有的名词词组都去掉，这个语篇主要的信息基本都没有了，我们就会对这个语篇不知所云。

这个语篇是随机从语法书里找的一段，不是为了分析特意找的。这个语篇只有四个句子，约有七十个词。可以看出，如果把里面的名词词组去掉，一共就没几个词了。可见，名词词组在语篇的形成过程中起着至关重要的作用，不仅可以看出整个语篇是关于什么的，而且整个语篇离了名词词组就很难成为语篇。重复、同现、词汇衔接都可以看到名词词组的影子。

第四，我们再换一个不同的语域，看看名词词组在其中的语篇功能是否也如此明显。《西行漫记》（Red Star over China）是一部纪实著作。我们随意选取其中的一段，只讨论英汉语言现象。仍然把其中的名词词组用下划线标示出来，便于分析。

（7-5）It was early June and Peking wore the green lace of spring, its thousands of willows and imperial cypresses making the

Forbidden City a place of wonder and enchantment, and in many
cool gardens it was impossible to believe in the China of breaking
toil, starvation, revolution, and foreign invasion that lay beyond
the glittering roofs of the palaces. Here well-fed foreigners could
live in their own little never-never land of whisky-and-soda, polo,
tennis, and gossip, happily quite unaware of the pulse of humanity
outside the great city's silent, insulating walls — as indeed many
did.

选自 Snow（2005：13）

上面这个语篇中划线部分的名词词组不仅在把整个语篇组织成一
个语义连贯的整体时起着极为重要的作用，而且这些名词词组本身又
起着连接作用，把句子组合成具有潜在连贯特征的语义单位。此外，
如"it""its""many""their own"这些都是名词性的照应和替代。"Peking"
"the Forbidden City""a place of wonder and enchantment""the great
city"这些名词词组都是词汇衔接中的搭配，即词语的搭配通过名词词
组的复用来实现。而"the China of breaking toil, starvation, revolution,
and foreign invasion that lay beyond the glittering roofs of the palaces"和
"their own little never-never land of whisky-and-soda, polo, tennis, and
gossip""the pulse of humanity outside the great city's silent, insulating
walls"这些名词词组又在形成的两种世界、两种生活场景的鲜明对照
中起着对比作用。

7.4 汉语名词词组的语篇功能

我们在上一节讨论了英语名词词组在语篇组织过程中、在语义连贯
的语篇中所起的作用和功能，并且主要从语法衔接和词汇衔接的角度进
行了分析。这一节，我们按照类似的分析方法和原则，通过对以下三个
语篇的分析，对比考察汉语名词词组在语篇中的作用和功能相对于英语
名词词组有哪些相同、相似和不同之处。

例（7-6）的语篇是例（7-5）的中文版，我们不讨论翻译问题，只比较语言使用问题。下划线的部分是这个语篇中所有的名词词组。我们依然可以看到，名词词组占有整个语篇的大部分，粗略算一下，这个语篇一共有 196 个汉字（包括 16 个标点符号），不算标点符号的话，共 180 个汉字，其中名词词组占了 132 个字，大致接近四分之三。可见汉语名词词组在汉语的语篇中也有着影响整个语篇语义完整和主要内容的作用。其中，"那""人们""这里""自己""许多人"都是名词性的指称和照应，既有内照应（endophoric reference），也有外照应（exophoric reference）。例如，"人们"的指称对象不在语篇中，而是在语境中。

另外，从词汇衔接角度看，"春天的绿装""无数的杨柳和巍峨的松柏""一个迷人的奇境""许多清幽的花园里""金碧辉煌的宫殿"这些名词词组的同时出现，描绘了美丽的景色，是典型的词汇衔接。而"小小的世外桃源""威士忌酒掺苏打水""打马球和网球""闲聊天的生活"这些名词词组又一起描绘了外国人在中国过着悠闲舒适的生活，和"一个劳苦的、饥饿的、革命的和受到外国侵略的中国"形成鲜明的对照，从大的角度讲，形成对照的画面也是名词词组的词汇衔接功能。

（7-6）那是 6 月初，北平披上了春天的绿装，无数的杨柳和巍峨的松柏把紫禁城变成了一个迷人的奇境；在许多清幽的花园里，人们很难相信在金碧辉煌的宫殿的大屋顶外边，还有一个劳苦的、饥饿的、革命的和受到外国侵略的中国。在这里，饱食终日的外国人，可以在自己的小小的世外桃源里过着喝威士忌酒掺苏打水、打马球和网球、闲聊天的生活，无忧无虑地完全不觉得这个伟大的无声的绝缘的城墙外面的人间脉搏——许多人也确实是这样生活的。

选自 Snow（2005：12）

上面的语篇是一个历史记录语域，而且是从英文翻译过来的，而下面的语篇例（7-7）是介绍中国文化的语域，具体来说是介绍中国的汉字。这个语篇不是翻译的，而是用汉语写的。从占有的比例来看，名词词组占了绝大多数，光看其中的名词词组，就能大概看出整个语篇的主要内容。

除了名词词组之外，其他类别的各种语法单位都是为了把这些名词词组连接起来，进而形成语义连贯的语篇。名词词组为主，其他类别的词组和词都为辅。

（7-7）近些年，随着经济的快速增长，中国的国际影响力提升，世界上学汉字的人也多了起来。母语是拼音文字系统的人，常常觉得汉字很难学。同时，不少人在学汉字的过程中，也有愉快的体验。这套独特的符号系统，积淀了丰富的历史文化内容，西方人在学汉字的过程中，甚至能体会到这个东方民族的微妙心灵。

选自 叶朗、朱良志（2016：69）

下面的例（7-8）是选自单田芳先生的评书。作为评书，首先是讲给听众听的，然后根据所讲的内容，整理成书面的形式出版，即内容是口语，但是以书面形式体现出来的语篇。这个语篇和上面的几个语篇从种类或语域讲都是不同的类型，而且这两段主要是对人物的描写，名词词组的功能更加重要和明显。我们分别从语法衔接的几个手段，照应、替代、省略、连接以及词汇衔接手段在这个语篇中和名词词组的关系。

（7-8）这一天，天气炎热，在通往北平府的大道上走来三人，一高二矬。这俩矬的一个白脸，一个黑脸，身穿着公服，公服就是衙门口官人穿的服装。一个背着刑枷、脚锁、脖锁，手中拿着水火无情棍，斜背着包袱，满脸大汗。另一个背着沉甸甸的包袱，手里也提着水火无情棍，满身的尘土，也是满脸大汗。其中这个大个儿，身高一丈挂零，膀大三停，细条条的身材，面似淡金，八字利剑眉，一对大豹子眼，通关鼻梁，方海口，微微有点小黑胡，二眸子是锃明刷亮，往前边一戳一站，身前身后是百步的威风。这人姓秦名琼，字叔宝，人送绰号神拳太保小孟尝。秦琼是山东济南府历城县人，自幼受高人传授，名人指教，马上步下，长拳短打，十八般武艺样样精通，而且超出一般。这人不仅能耐大，学识也很深，自幼就好学，而且为朋友两肋插刀，慷慨仗义，江湖人称秦二哥。比他小的管他叫哥，跟他同岁的管他叫哥，甚至比他大一点的，也管他叫哥，表示对他的尊重。因为他们哥俩儿，他行二，所以叫二哥。

选自 单田芳《隋唐演义》上册第一回，第 1 页

第一，从这个语篇的整体结构来看，先交代时间、地点等环境成分，然后讲到这个环境背景下的人物，人物描写首先具体描述其中的主要人物，即文学描述中的主人公。"这一天""天气"是描述环境成分中的时间和天气背景，"通往北平府的大道上"是环境成分中的地点。环境成分（Circumstantial Elements）虽然是经验功能中的功能标签，是小句的成分，但是这几个名词词组不仅是小句中过程的环境成分，而且是整个语篇的环境成分。"三人""一高二矬"是小句的参与者，但同时也是语篇要描述的对象。

第二，"三人""一高二矬""这俩""一个白脸""一个黑脸""一个""另一个""其中这个大个儿""他""这人""他们哥俩儿"都是名词性的指称和照应，而且是内照应，指称的对象在语篇中。而"人（送绰号）""高人""名人""江湖人"是外照应，指称对象不在语篇中，而在语境中。

第三，"的"字结构如"这俩矬的""比他小的""跟他同岁的""比他大一点的"显然也是名词词组，可以看成是省略了中心语"人"。"这俩矬的"是特指（definite），说的是三个中间的两个，而其他的"的"字结构是泛指（indefinite）。我们也可以认为是替代，都是名词性替代和省略，替代名词词组或者是省略了中心语的名词词组。从另一个角度讲，这些名词词组在整个语篇成为连贯的语义整体时，起到了连接的作用。

第四，以上三点讲的都是汉语名词词组作为语法衔接手段，而作为词汇衔接手段则更加明显。第一段除了开头描述环境成分和总体介绍人物的名词词组以外，其余的名词词组分别属于重复（repetition）、复用（reiteration）、搭配（collocation）等手段，重点是描述两个公差。而第二段这三种词汇衔接手段都有，集中描述主人公秦琼。

以上我们从语法衔接和词汇衔接两个角度，分析了汉语名词词组在三种不同类型的语篇中、在语篇衔接和连贯中所起的作用。从语篇功能角度看，汉语名词词组和英语名词词组的语篇功能有很大的相似性。语篇的主要内容依赖名词词组来体现，而无论是语法衔接和词汇衔接，名词词组都"责无旁贷"，这个功能是其他任何别的词组和短语无法比拟的。汉语名词词组在语篇中作为语法和词汇衔接手段比英语名词词组更加明显。从数量和信息量上看，名词词组在这些语篇中似乎成了主要的成分，其他语法单位把这些名词词组连接起来，构成语义连贯的语篇。

7.5　结语

本章对比分析了英汉名词词组的语篇功能。为了分析语篇功能，我们首先对语篇的概念做了一个鉴定，如何区分语篇和非语篇。接着探讨了英汉名词词组在语篇建构过程中所起的作用，这个语篇功能和抽象的语言的语篇功能不同。通过分析，得出以下结论：（1）英语的小句是以主要动词即过程为中心，参与者和环境成分都是过程的参与者和过程发生时的环境成分。但是，从另一个角度看，小句也可以看成是以名词词组为中心，主要动词起了连接作用，而在语篇中是以名词词组为中心，其他词类、其他类别的词组和短语，都是把名词词组连接起来的手段；（2）汉语名词词组的语篇功能和英语名词词组的语篇功能相似性很大，都是语篇核心内容和重要信息的载体，其他词组和短语的语篇功能都没有名词词组强大；（3）从语法衔接和词汇衔接的角度看，英语和汉语的名词词组几乎可以承担包括照应、替代、省略、连接、复用、重复、搭配等所有的衔接手段，而汉语名词词组作为语法和词汇衔接手段比英语名词词组更加明显，尤其是作为语法连接手段；（4）不同类型的语篇，或者说在不同的语域中，英汉名词词组的上述语篇中的功能差别不是很大，而且英汉名词词组有极大的相似性。

第八章　英汉名词词组功能语义对比分析

8.1　引言

我们在前面几章讨论的核心围绕英汉名词词组的内部结构、整体的句法功能和语篇功能，这一章涉及名词词组的语义问题。由于我们从功能的角度分析语义，因此定名为功能语义分析。系统功能句法的一个重要原则就是考察语义是如何由形式来体现的。体现语义的形式可以在音系、词汇、句法、语义、语用等各个层面，这些因素都是构建和体现意义的形式。我们在这一章重点考察英汉名词词组的歧义问题，看看英汉名词词组的歧义是由哪些因素造成的，英汉有什么异同以及怎样通过这些因素消除歧义。需要特别指出的是，我们提出音系因素而不是语音因素影响意义的构成，因为语音有可能影响也有可能不影响意义的构建。此外，我们这里所讨论和分析的意义主要是指概念意义而非语篇意义或主题意义。

8.2　歧义

普通语言学专门研究意义（meaning）的分支是语义学（semantics）。对于意义的研究主要集中在词语的意义、句子的意义包括句子中各个成分的意义以及比词语小的语义成分分析。其中，句子的意义以及句子内部各个成分的意义需要考察其所包含词语的意义以及句法结构，词语的意义和句法结构的结合才能确定句子的意义。词组和短语是在级阶上比小句或句子小一级的语法单位，但是词组和短语的意义也需要考察词语意义以及词组和短语的句法结构两个方面。有的情况下，词组有可能只含有中心语，没有修饰成分，这种情况下词组的意义无需考虑句法结构，词组的意义就是中心语的意义。

由于词语的因素以及句法结构表层结构和深层结构的不同可能会导致词组的意义不同，进而会产生歧义。歧义（ambiguity）指的是同一语言形式在同一语境中具有多种不同的意义（劳允栋 2004：32；Jackson 2007/2016：62）。例如：

（8-1）I spoke to the girl in the garden.

选自 Jackson（2007/2016：62）

这个句子有两个意思：（1）It was in the garden（not in other palces）that I spoke to the girl. "我在花园里（而不是在别的地方）和这个女孩说话"；(2) There were several girls, only one was in the garden, and I spoke to the one who was in the garden. "我和花园里的女孩说话（不是和其他地方的女孩说话）"。简单来讲，这个句子的歧义是由介词短语"in the garden"造成的。第一个意思中，介词短语是小句的附加成分或者环境成分，第二个意思中，介词短语是名词词组的后置修饰语。那么，这样的歧义是句法因素产生的，也就是由于不同的句法结构产生的。而且总体上讲，这个是句子的歧义，不是词组的歧义。这个歧义句的功能句法分析如图 8-1 和图 8-2 所示。

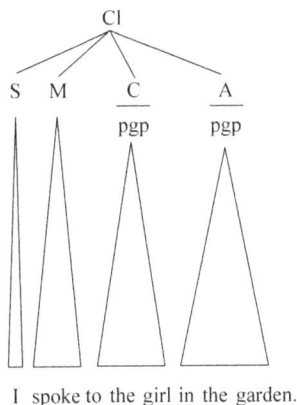

图 8-1　介词短语作为附加语的功能句法分析

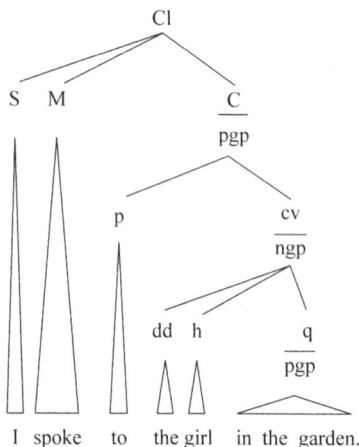

图 8-2　介词短语作为名词词组后置修饰语的功能句法分析

需要特别指出的是，我们这里讨论的歧义指的是命题意义，从功能语言学角度看，是概念意义或者经验意义，而不是语篇意义或者确切地说是主位意义和主题意义。任何不同的形式都会导致主位意义的不同，这个不在歧义的讨论范围之内。除了句法因素以外，歧义的产生有音系因素、词汇因素、语法因素、语用因素等。此外，歧义不仅在小句层面，也可以在其他语法单位的层面发生。本章主要讨论造成英汉名词词组歧义的因素。

8.3　歧义的音系因素（phonological factor）

语音学（phonetics）研究声音的产生（production）、传递（transmission）和接收（reception）。从语音学角度来看，语言使用中产生的声音都是音素（phone）。音素并不一定能建构意义，因此也不一定具有区别特征（参见 Robins 1989/2000；杨信彰 2005）。因此，能够区别意义的，作为建构意义的形式，不是语音因素，应该是音系因素。换句话说，语调、音节、重音等和音系学（phonology）有关的因素可以对意义的构建产生影响。至于语音因素（phonetic factor）是否也对意义的构建有影响和贡献，本书暂时不做探讨。

另外,语言的语音和音系因素和口语不同。口语是相对书面语而言的,书面语和口语是语言两种表现形式。而音系和语音是相对于词汇语法和语义的,是语言三个层次组成的系统之一,书面语和口语都有音系系统(参见第一章第 1.4 节,图 1-1)。

我们先看汉语的例子(据传是乾隆皇帝和纪晓岚的对子):

(8-2)两碟豆,一瓯油。

　　　两蝶斗,一鸥游。

　　　林间两蝶斗,水上一鸥游。

"两碟豆,一瓯油"和"两蝶斗,一鸥游"这两个词组,如果写出来显然是没有歧义的,也就是说书面语是没有歧义的。"两碟豆"和"一瓯油"都是名词词组,"两碟"和"一瓯"是数量语(Numerative),"豆"和"油"是事物(Thing)或中心语(Head)。"两蝶斗"和"一鸥游"是主谓短语,"两蝶"和"一鸥"是名词词组,是逻辑主语。"两"和"一"是数量语,"蝶"和"鸥"是事物/中心语。而"斗"和"游"是动词,是谓体部分。

然而,只是说出来,"liǎng dié dòu"和"yī ōu yóu"就都有两个意思,听不出是哪个意思,因而产生了歧义。而这种歧义的产生是由于两个词组的音系结构和语音模式是完全相同的,和句法结构、语义因素等无关。由此可见,汉语中的声调(tone)是音系音素,是具有区别特征的,不同的声调构建不同的意义,同样的声调也可以构建或相同或不同的意义。

"林间两蝶斗"和"水上一鸥游"仔细分析,也是有歧义的。其中一个意思说是,"(林间两蝶)斗,(水上一鸥)游","林间两蝶"和"水上一鸥"是名词词组,"林间"和"水上"都是前置修饰语,修饰中心语,是林间的两蝶在斗,不是别的地方的两蝶在斗,是水上的一鸥在游,不是水下或水中的一鸥在游。也可以分析成,"林间(两蝶斗),水上(一鸥游)",这样"林间"和"水上"就成了地点状语(地点附加语)或者表示地点的环境成分(Circumstantial Element:Place),林间有两蝶在斗,水上有一鸥在游。这样的歧义产生是由于句法结构的不同组合产生的,属于句法因素。为了避免歧义,也可以说"两蝶林间斗"和"一鸥水上游",以及"林间的两蝶斗"和"水上的一鸥游"。

停顿（pause）和重读音（stress）也是重要的音系手段。停顿是"自然话语中一种常时发生的特征，即在语流长短不一的进程中出现间隔或犹豫的现象，有 silent pause 和 filled pause 两种。与说话速度成反比，速度越低，语流中的停顿越多"（劳允栋 2004：404）。以下的分析中，停顿用（·）表示。

重读音可以发生在单个词语、词组和小句中，指的是"音流中一部分词或音节读时用的气流和气力比其他部分强的现象。听觉上对重读部分的印象主要是比其他部分响，但有时也可能伴有加长和／或音高上升的现象"（劳允栋 2004：499）。关于重读音，另参见 Jackson（2007/2016：15-17）。重读音一般"有两种重读的可能：（1）有重音（accent）的部分，如 con′fusion（混淆）；（2）虽无重音，但需要强调的部分，如 I said *in*duce, not *de*duce（我说的是归纳，不是演绎）"（劳允栋 2004：499）。按照惯例，重读音用（′）表示。

（8-3）more expensive clothes

选自　胡壮麟（2001：126）

对这个名词词组的表层结构（surface structure）仔细分析之后发现，它的深层结构（deep structure）有两个，也就是说有两个意思。一是（more expensive）clothes 更贵的衣服，more expensive 是形容词词组作为前置修饰语，clothes 是中心语。

— What？

— Clothes.

— What kind of clothes？

— More expensive (clothes).

第二个意思是 more（expensive clothes）更多贵的衣服，more 和 expensive 都是中心语 clothes 的两个并列的前置修饰语。

— What？

— Clothes.

— What kind of clothes?

— Expensive clothes.

—— More (expensive clothes).

而"更贵的衣服"和"更多贵的衣服"是没有歧义的。"更贵的"一看就是一个词组，而"更多贵的"中的"更多"不可能修饰"贵"，只能修饰"衣服"。换句话说，这两个英语名词词组有歧义而相应的汉语名词词组没有歧义。

在书写中，我们可以用括号加以区分，使之没有歧义。事实上，也可以通过重读音和语音的停顿来区分歧义。要么是"′more expensive · clothes"（更贵的衣服），要么是"more · ′expensive clothes"（更多贵的衣服）。这个名词词组所包含的歧义是很容易识别的，主要的问题在于 more 和 expensive 一样修饰名词中心语，还是 more 修饰形容词 expensive，构成形容词词组，或者说是形容词 expensive 的比较级形式。

除了以上讲的重读音对产生和识别歧义的意义之外，重读音对名词词组的重心不同产生的歧义也具有一定意义。例如：

（8-4）′my English book ′我的英语书，不是别人的英语书
　　　　my ′English book 我的′英语书，不是汉语书
　　　　my English ′book 我的英语′书，不是英语课

（8-5）Happy cats and dogs live on the farm.

（8-6）long thesis and books

（8-7）Flying planes can be dangerous.

例（8-4）中，三种重音导致强调的重点不同，这种不同本质上没有引起概念意义的变化，只是主位意义或者主题意义不同，和我们这里讨论的歧义不同。

例（8-5）中的名词词组"Happy cats and dogs"和例（8-6）的名词词组结构是一样，关键在于形容词"happy"是只修饰"cats"，"（Happy cats）and dogs"还是修饰"cats and dogs"，"Happy（cats and dogs）"。用重读音表示分别为："′Happy cats and dogs""Happy ′cats and dogs""′long thesis and books""long ′thesis and books"。而例（8-7）的歧义在于"Flying planes"。"′Flying planes（名词词组）can be dangerous."和"Flying ′planes（动宾短语）can be dangerous."在下面句法因素部分，我们详细分析这两种结构。

以上我们分析了英语的例子，下面再看汉语名词词组的例子：

（8-8）炒鸡蛋

上面的"more expensive clothes"尽管有两种不同的深层结构，但肯定是名词词组无疑。而"炒鸡蛋"究竟是名词词组还是动宾词组还一时无法确定。"鸡蛋"是一个名词，关键在于"炒"，可能是动词，那么整个词组就是动宾短语。此外，"炒"还可以作为类别型前置修饰语修饰"鸡蛋"，这样整个词组就成为偏正结构的名词词组。这两种不同的结构可以通过放在不同的句子中加以区别。例如，"我们中午吃炒鸡蛋"，"吃"是动词，"炒鸡蛋"是补语（宾语），是名词词组，表示事物。如果说"我在炒鸡蛋"，显然"炒鸡蛋"就是动宾短语，表示动作行为。可以说是上下文语境的不同产生了不同的语义，也可以说是在不同的语境中，词组和短语的类别不同，因而语义也不同。

如果通过重读音的方式加以区别，动宾短语应该是"炒′鸡蛋"，重音在名词上，而名词词组应该是"′炒鸡蛋"，重音在修饰语上。关于重音区分不同词组，参见赵元任（1979）。

（8-9）几个农场的青年
（8-10）热爱人民的领袖

选自　胡裕树（2011：31）

显然，例（8-9）是名词词组，但是有两种深层结构，"（几个农场的）青年"和"几个（农场的青年）"。我们可以用停顿和重读音来表示为："′几个农场的·青年"和"几个·′农场的青年"。前者，"几个"是"农场"的数量修饰语，而后者，"几个"是"青年"的数量修饰语。

而例（8-10）可能是偏正式的名词词组，"（热爱人民的）领袖""′热爱人民的·领袖"。而"热爱人民"本身是一个动宾短语，加上"的"，成为中心语"领袖"的前置修饰语；也可能是动宾短语，"热爱（人民的领袖）""热爱·′人民的领袖"。"人民的领袖"本身是一个偏正式的名词词组。区别在于"热爱""热爱人民"和"热爱领袖"。

8.4 歧义的语义因素（semantic factor）

我们在上面一节分析了英汉名词词组歧义产生的音系因素，实际上是对英汉名词词组功能语义的音系因素做了分析。但是，建构意义的核心是词汇和语法。词汇因素涉及到词汇的语义因素，也就说，同一个词在不同的语境中具有不同的语义。无论汉语还是英语，都有很多同形异义、同音异义的词语和短语，这样在实际使用中就会造成歧义。下面例（8-11）和例（8-12）不同意义的理解来自于 dancing 和 boiled。

（8-11）a dancing girl
（8-12）a boiled egg

上面例（8-7）产生歧义主要在于"Flying planes"，而这里的分析如果用汉语的结构分析法也可以。一种是偏正式的名词词组，"planes"是中心语/事物，而"flying"是修饰语。另一种解释是，"Flying planes"是动宾结构。如果从词汇因素考虑，"flying"分别是不及物动词（intransitive verb）和及物动词（transitive verb）。反过来讲，不同意义的建构是由不同的词语来体现的。我们用加的夫语法对这个句子做功能句法分析，如图 8-3 和图 8-4。可以看到，句子的基本结构都是一样的，这个小句的成分是主语（S）、操作词 Operator（O）、主要动词（M）和补语（C）。所不同的是主语的内部结构。第一种理解是，主语是由名词词组来填充，

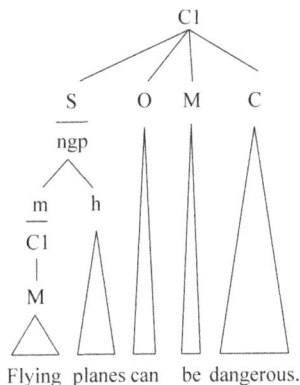

图 8-3 非限定小句作为名词词组前置修饰语的功能句法分析

名词词组由两个成分组成，即修饰语（m）和中心语（h）。第二种理解是，主语由小句来填充，这个小句由三个成分来组成，一个隐性主语（Covert Subject），在树形图中用带有括号的 S 来表示，主要动词（M）和补语（C），补语由名词词组来填充，这个名词词组只有一个成分，即中心语组成。我们旨在区分 "flying planes" 的两种不同结构，因此没有对每一个成分做精密度分析。

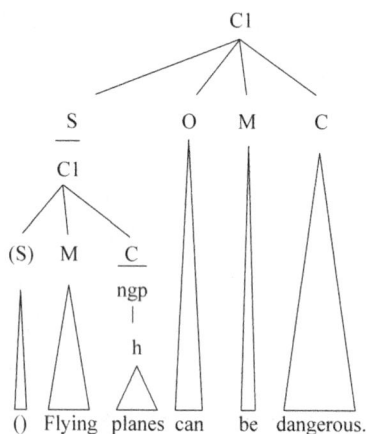

图 8-4　非限定小句作为主语的功能句法分析

名词词组 "a dancing girl" 的歧义主要是看 "dancing" 的词汇意义，如果要表示 "a girl who is dancing"（一个正在跳舞的女孩），那么 "dancing" 表示动作，前置修饰语，和 "flying planes（planes which are flying）" 是一样的。但是，这个词组还可以表示 "a girl whose job is dancing"（一个以跳舞为工作的女孩），这时，"dancing" 就是表示类别的一个限定语（determiner），或者是悉尼语法讲的类别语（Classifier）。显然，这种类型的歧义是由于某一个词语的不同意义产生的，也就是语法单位的语义因素产生的。

汉语中一词多义的现象非常普遍，由于语义的不同造成了歧义。例如，例（8-13）中，"方便" 的歧义是由于它不同的语义引起的。但是，区分它的歧义却需要依赖语境。也就是说，语义因素产生了歧义，语境因素可以消除歧义。"方便"本身可以是动词词组，也可以是名词词组，不借助语境，很难判断其语义。

（8-13）——吃饭的时候，一人说去<u>方便</u>一下，老外不解，旁人告诉他方便就是上厕所。（排泄大、小便）

——敬酒时，另一人对老外说，希望下次出国时能给予<u>方便</u>，老外纳闷不敢问。（便利或帮助）

——酒席上，电视台美女主持人提出，在她<u>方便</u>的时候会安排老外做专访。（有机会、有时间）

——老外愕然：怎么能在你<u>方便</u>的时候？

——美女主持人说，那在你<u>方便</u>时，我请你吃饭。老外晕倒。

选自　Net 2

8.5　歧义的词汇因素（lexical factor）

歧义的产生还可能是由于在同一结构中使用了不同的词语，这样产生的歧义就是由于词汇因素造成的，也可以称为词汇型歧义（lexical ambiguity）。

（8-14）The salesman glanced at the customer with suspicion.

（8-15）The salesman glanced at the customer with ripped jeans.

（8-16）The salesman glanced at a customer with suspicion.

（8-17）The salesman glanced at a customer with ripped jeans.

例（8-14）和例（8-15）的区别在于，作为介词"with"补语的名词词组不同，一个是"suspicion"，表示神态，另一个是"ripped jeans"，表示穿着。但是，因为这两个名词词组的不同，两个句子的功能结构产生了不同。例（8-14）可能是以下（8-14a）和（8-14b）任何一种结构。

（8-14a）<u>The salesman</u>　<u>glanced</u>　at the customer with suspicion.

主语　主要动词 / 谓语　补语　名词词组后置修饰语

（8-14b）The salesman　glanced　at the customer　with suspicion.
　　　　　　 主语　主要动词 / 谓语　补语　　　　　 附加语

在例（8-14a）中，介词短语 "with suspicion" 是名词词组 "the customer with suspicion" 的成分，是中心语 "customer" 的后置修饰语，意思是：售货员看着带有疑惑表情的顾客。而在（8-14b）中，介词短语 "with suspicion" 是整个小句的附加语，是小句的成分，而不是名词词组的成分，意思是：售货员用疑惑的表情看着顾客。

例（8-14）和例（8-16）的区别在于名词 "customer" 前面的限定词不同，一个是特指限定词 "the"，另一个是泛指限定词 "a"。然而，由于限定词不同，使得例（8-16）的小句没有歧义，"with suspicion" 不是名词词组中的后置修饰语，而是小句的附加成分，至少可以说作为附加修饰语，更符合英语的表达习惯，意思是售货员用疑惑的神情在看。

我们再看几个汉语的例子。例如，"我上过的课很多" 这个划线部分的名词词组也存在歧义，歧义产生的原因是 "上课" 的词汇意义引起的，可以指 "讲课" 和 "听课"。从老师角度讲，可以指 "我讲过的课"，从学生角度讲，可以指 "我听过的课"。但在 "我看过的书很多" 中划线部分的名词词组就不存在歧义，原因在于 "看书" 这个词在这里没有歧义。

8.6　歧义的句法因素（syntactic factor）

我们不止一次谈到，语言的三个层次中，词汇语法是核心，当然分析有重叠的部分，很难决然分开，只是侧重不同而已。第 8.3 节主要分析了词汇因素引起的名词词组的歧义。但是，上面的几节都不可避免地涉及句法结构的不同引起的英汉名词词组的歧义。因此，这部分专门再讨论一下这个问题。

Fawcett（2008a：72）说过这样一段话：分析自然语篇中句子的句法分析者，主要问题是分析一个句子中哪个词语和哪个词语一起组成一个单位（the main problem for syntax analyst who is analyzing the sentences of a natural text is usually this: which words go with which to form a unit WITHIN a clause）。我们从下面名词词组的分析中可以看到这一点。

（8-18）my small child's cot　我的小孩子的床

选自 胡壮麟（2001：125）

（8-19）May likes the vase on the cupboard which she bought yesterday.

例（8-18）这个名词词组至少有三种不同的结构：（1）my small cot for a child，我的小（孩子的）床，只强调小床是属于我的，但是是给孩子使用的床，不是给成人使用的，"small"只修饰"cot"；（2）my cot for a small child，我的（小孩子的）床，强调属于我的床是给小孩子使用的，"small"只修饰"child"；（3）the cot of my small child,（我的小孩子的）床，强调床是属于我的小孩子的，"small"和"my"一起修饰"child"。

以下用加的夫语法分析的三种结构（图8-5、图8-6、图8-7）可以区分。第一种结构中，名词词组由四个成分组成：指称限定语"my"，两个修饰语"small"和"child's"，中心语"cot"。其中，修饰语"small"是一个只含有中心语（apex, a）的质量词组（quality group, qlgp），而"child's"是一个属格字符串（genitive cluster），"child"是所有者（possessor, po），"'s"是属格成分（genitive element，g）。

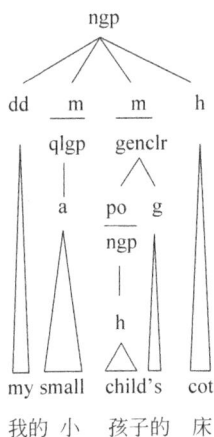

图 8-5　歧义名词词组功能句法分析（1）

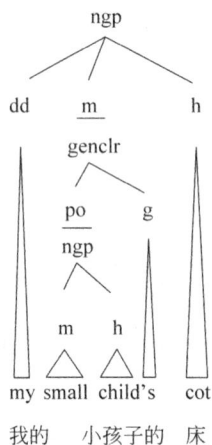

图 8-6　歧义名词词组功能句法分析（2）

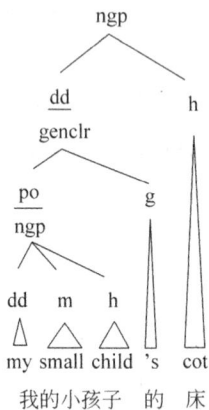

图 8-7　歧义名词词组功能句法分析（3）

　　第二种结构中，名词词组由三个成分组成："my"是指称限定语，"small child's"是修饰语，"cot"是中心语。"small child's"是属格字符串，"'s"是属格成分，而所有者"small child"是一个名词词组，由修饰语"small"和中心语"child"组成，对于"small"的分析，第一种结构已经做了精密度分析，所以第二、第三种结构中没有再做精密度分析。

　　第三种结构中，名词词组只由两个成分组成，除了中心语"cot"，"my

small child's"这个属格字符串整体填充指称限定语，而所有者是由名词词组 "my small child"填充，这个名词词组由三个成分组成，即指称限定语 "my"、修饰语 "small"和中心语 "child"。

例（8-19）的歧义主要在于关系从句 "which she bought yesterday"是修饰 "cupboard"还是修饰 "vase"的问题，是"喜欢放在橱柜上的昨天买的花瓶"，花瓶是昨天买的，还是"喜欢放在昨天买的橱柜上面的花瓶"，橱柜是昨天买的。

从以上的分析和树形图可以看出，不同组合的句法结构造成了名词词组的歧义。以下的例子也是如此：

（8-20）江苏和浙江的部分地区

（8-21）我们三个一组

（8-22）关于批判继承问题的讨论

选自 胡裕树（2011：312）

例（8-20）中存在一个名词词组复合体。一种解释是，"江苏和浙江"是一个名词复合体作为修饰语，修饰"部分地区"；另一种解释是，"江苏"这个名词与"浙江部分地区"这个名词词组通过连词"和"形成一个名词词组复合体。例（8-21）的结构可以有这样两种解释，一是"我们三个人是在一个组"，因此"我们三个"是一个名词词组，"我们"是中心语，"三个"是同位语充当后置修饰语，而这个名词词组作为修饰语修饰中心语"一组"。另外一个意思是，"我们是三个人分为一组"，那么，"三个一组"是一个名词词组，"一组"是中心语，而"三个"是表示类别的前置修饰语。而整体结构"我们三个一组"更像是一个主谓短语。总之，这样的歧义是由于结构中成分不同的组合方式形成的，因此属于句法结构因素的范畴。

8.7　歧义的语用因素（pragmatic factor）

语义学和语用学都和意义密切相关，最大的不同在于，语义学关注的意义是语言本身的概念意义，不考虑语境，而语用学（pragmatics）研究语境中的意义（meaning in context），因此和语用学关系最密切的是语境。我们这里讨论的英语名词词组歧义的语用因素主要是分析由于语境的不同使得语法结构产生不同的意义。一般来讲，语境分为文化语境（context of culture）、情景语境（context of situation）和语言语境（context of cotext）。我们在这一部分主要分析不同的语境如何形成英汉名词词组的歧义。也就是说，同样的名词词组在不同的语境中具有不同的意义。

（8-23）他在炒鸡蛋

（8-24）中午吃炒鸡蛋

（8-25）My friend drove me to the bank.

（8-26）They passed the port at midnight.

（8-27）Please give me a camel.

单独看"炒鸡蛋"，不能确定是名词词组还是动宾短语，但是如果放在具体的语境中就可能会很明确。放在例（8-23）的语境中，"炒鸡蛋"是动宾短语，而放在例（8-24）的语境中，"炒鸡蛋"显然是名词词组。例（8-13）中的"方便"，既是动词词组，也是名词词组，即使是名词词组，它的具体语义也要依赖语境来确定。

例（8-25）、（8-26）、（8-27）三个例子中划线部分的名词词组存在歧义，也需要通过语境加以消除，或者再加修饰语。单讲这几个词组有歧义，不知道要说什么。"the bank"可以指银行，也可以指河岸，"the port"可以指港口，也可以指一种酒，"a camel"可以指动物骆驼，也可以指骆驼牌香烟，这些名词词组的具体语义依赖进一步的语境。例如，"Please give me a camel. I want to smoke now."和"Please give me a camel. I want to ride a camel."这样的表达则消除了歧义，前者的"camel"指香烟，后者指骆驼。

我们在本章讨论汉语名词词组歧义现象较少，但是也管窥了各种类型的歧义。更多关于汉语中各种类型语法单位的歧义，可参见张斌（2010：403-413）。

8.8　结语

　　本章主要分析英汉名词词组的功能语义结构，着重对比分析了英汉名词词组中的歧义现象。所谓歧义的"义"，指的是命题意义或者概念意义而非语篇意义或主位意义。歧义是语言使用的不恰当，因此我们在书面语篇和口语语篇的生成过程中要避免歧义的发生。从文献上看，多数是分析小句的歧义，而我们发现，英汉名词词组也存在歧义的问题。通过分析得出以下结论：（1）歧义的产生是多种因素造成的，这一点在英汉名词词组中都是如此；（2）任何不同的形式，包括音系、词汇、句法结构、语义、语用等，都是构建意义的形式，因此也是造成歧义的因素；（3）消除歧义也可以通过采用音系、词汇、句法结构、语义、语用等手段。

第九章　英汉名词词组作为语法隐喻对比

9.1　引言

　　语法隐喻（grammatical metaphor）是系统功能语言学的一个重要概念和重要组成部分，和系统功能句法的关系非常密切，是句法和语义的结合。对语法隐喻的研究体现在语言的许多方面。毫不夸张地说，不同的形式表达相同的命题意义时，几乎都存在语法隐喻。因此英语名词词组也不例外，语法隐喻也是英语名词词组的一个重要特征。我们首先简要介绍和回顾语法隐喻的基本概念，然后主要对比考察英汉名词词组和语法隐喻的关系、名词词组作为语法隐喻以及名词词组本身的语法隐喻情况。也就是说，本章将从两个方面探讨：即名词词组相对于其他语法单位，如小句作为语法隐喻分析，以及名词词组内部成分作为语法隐喻的分析。

　　Halliday（1985: 322）指出，要懂得一门语言，其中一个重要方面就是要懂得说一件事情的最典型的无标记方式（"part of knowing a language is to know what is the most typical 'unmarked' way of saying a thing"）。这里讲的无标记的方式接近语法隐喻中的一致式，而相对的有标记形式更接近语法隐喻式。因此，我们研究英汉名词词组，也不能不讨论一下语法隐喻和英汉名词词组的关系。

9.2　语法隐喻

　　从文献上看，国内外学术界对语法隐喻的研究较多，而且涉及许多语法单位和语言现象的语法隐喻，也涉及语法隐喻在不同语域和不同语篇中的体现。胡壮麟（2000b：33）认为，语法隐喻和人类语言一起存在，过去、现在和将来都如此，只要人类存在（"This proves that we had grammatical metaphor as early as we had language; we have grammatical metaphor today as we have to represent the changing world; we will have grammatical metaphor so long as men survive."）。这个论述表明，语法隐喻是语言中的自然现象。我们仅列举几个文献看一下语法隐喻研究的广度和范围。例如，名词化与语法隐喻（胡壮麟 2000b）、分裂句作为语法隐喻（黄国文 2000c）、非限定小句作为语法隐喻（杨炳钧 2003：119-138）、投射（projection）与语法隐喻（曾蕾 2006：114-128）、时态与语法隐喻（何伟 2008：159-200）、语法隐喻与翻译（黄国文 2009b）、语法隐喻与认知文体学（刘承宇 2008）、词汇隐喻与语法隐喻（朱永生、严世清 2001：116-142；朱永生、严世清、苗兴伟 2004：207-248）、隐喻与英语词汇教学（胡壮麟 2015：535-548）等。更多关于语法隐喻的期刊论文和学位论文，参见彭宣维、程晓堂总主编，田贵森主编（2016），彭宣维、程晓堂总主编，孙迎晖、程晓堂主编（2016）。

我们（李满亮 2013：130-156）曾经对英语名词词组作为法语隐喻的问题进行了分析和讨论，在这里从以下几个方面对系统功能语言学讲的语法隐喻做一个简单的回顾和总结。更多详细内容和描述参见 Halliday（1985，1994/2000），Thompson（1966/2000，2004/2008，2014），胡壮麟（2002），胡壮麟、朱永生、张德禄、李战子（2005：297-315）等。Halliday and Matthiessen（1999/2008：227-296，2004/2008：586-658，2014：659-731），对于语法隐喻有更加详尽的描述和界定。

第一，语法隐喻和传统修辞（figure of speech）里讲的隐喻（metaphor）不同。修辞指的是一个词或者短语为了特殊的效果而被赋予非字面意义和非通常的用法（Richards，Platt and Platt 1992/2000：174；Baldick 1990：83；Jackson 2007/2016：67）。隐喻又称为暗喻，是修辞手段里最常见的一种，总的来说是从形式入手（going in through form），考察特定的形式具有什么样的意义，本意（literal meaning）还是隐喻意义（metaphorical meaning）。举个最简单的例子，"My love is a red rose."（我的爱人是红玫瑰。）这个句子中的"rose"是隐喻，而"I want to buy a bunch of red rose for my love."（我想买一束红玫瑰送给我的爱人）中的"rose"是送给爱人的玫瑰花，是其本意。汉语中也是如此，如"共产党是太阳，照到哪里哪里亮"中的"太阳"是隐喻，而"太阳当空照，花儿对我笑"中的"太阳"则是太阳的本意。作为修辞手法的隐喻和系统功能语言学中的语法隐喻既有联系又有区别。此外，Halliday（1994/2000）把借代（synecdoche）和转喻（metonymy）扩展为隐喻的进一步分类，因为三者都涉及到特定词语的非字面意义的使用。

第二，认知语言学也讲隐喻，指的是两个概念的比较，用一个来建构和描述另一个，因此分为源域（source domain）和目标域（target domain）。源域一般是具体的和已知的，而目标域一般是未知的和抽象的，想要描述的。例如，"Time is money"这个隐喻中，"time"是要描述的，是抽象的，是目标域，而"money"是已知的、具体的，是源域（参见胡壮麟 2017：129）。关于语言、认知与隐喻的关系，参见 Ungerer and Schmid（2006/2008），胡壮麟（1997），梁晓波（2011），文旭（2014）。

第三，根据 Halliday（1994/2000）的观点，系统功能语言学中的语法隐喻事实上既包括语法隐喻又包括词汇隐喻，而不是简单的词汇隐喻。为了解释这一概念，我们再重新看一下语言形式和意义的关系。形式和意义的关系并不总是直接的。Fawcett（2000：197）指出，句法单位和所指的事件和事物并不是一一对应的。换句话说，名词词组在一致式（congruent）中体现**事物**，动词词组体现所发生的**事件**。但是，名词词组也被用来表达所发生的事件。非一致式（incongruent）表明语言意义和形式之间的关系并不是直接的。

语言形式和意义之间通常的关系是：形式是意义的体现。这涉及从两个相反的方向看同一个表达。也就是说，一方面，我们观察相同的形式怎样表达不同的意义；另一方面，我们考察同一个意义是如何由不同的形式体现的。事实上，任何表达或语言形式的选择都可能引起相应的不同意义。因此，在这个意义上讲，很难找到完全相同的意义。

系统功能语言学讲的语法隐喻是从意义入手（going in through meaning），考察特定的意义是如何由形式来体现的，是一致式表达（congruent wording）还是隐喻式表达（metaphorical wording）。按照

Thompson（2004/2008：222）的观点，一致式表达就是接近外部世界事件的状态（closer to the state of affairs in the external world），相对而言，和外部世界事件的状态不太接近的则是隐喻式表达。这里所讲的意义指的是命题意义（propositional meaning）。Matthiessen, Teruya and Lam（2010/2016：123-125）用下图（图 9-1）说明语法隐喻，较为直观。

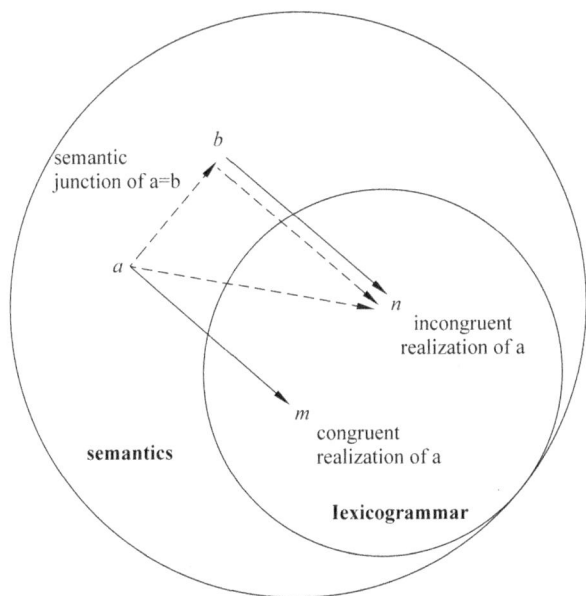

图 9-1　语法隐喻图解

　　我们通过解读这个图的内容和所包含的信息进一步说明语法隐喻的基本概念和基本观点。我们在第一章已经回顾了功能语言学关于语言层次的思想。语法隐喻是跨越语义（semantics）和词汇语法（lexicogrammar）两个语言层次的概念，是两个层次之间的相互关系。这种关系是体现的关系（relationship of realization），也就是说语义是由不同的词汇语法形式来体现的。如图中所示, a 和 b 分别代表语义层面的两个范畴（category），m 和 n 分别是词汇语法层次两个相对应的范畴，m 是对语义范畴 a 的一致式体现，n 是对语义范畴 b 的一致式体现。两条带有箭头的实直线表示一致式体现关系。在非一致式即隐喻式的情况下，语义范畴 a 好像是变成了语义范畴 b，而语义范畴 b 由词汇语法范畴 n 来体现，这样的结果就是语义范畴 a 由词汇语法范畴 n 体现。三条带有箭头的虚直线表示隐喻式体现关系。举例来说，假如语义范畴 a 表示命令（command），那么一致式情况下应该由词汇语法层面的祈使小句（imperative clause）m，"Pass me the book." 来体现。但是在隐喻式情况下，语义范畴 a 似乎变成了表示疑问（question）的语义范畴 b，而表示疑问应该由疑问小句（interrogative clause）n，"Could you pass me the book？" 来体现。这样一来，表示命令的语义范畴 a 最后由词汇语法范畴 n 这个疑问小句来体现。总而言之，语义范畴 a 的两种体现形式中，m 是一致式体现，n 是非一致式即隐喻式体现，也就是我们要讲的语法隐喻。以上所述是语法隐喻的基本概念。

第四，一般来讲，语法隐喻也和纯理功能密切相关。分为概念 / 经验语法隐喻（experiential grammatical metaphor）、人际语法隐喻（interpersonal grammatical metaphor）和语篇语法隐喻（textual grammatical metaphor）。Halliday（1994/2000）指出，和英语小句相关的语法隐喻有两种主要类型：概念隐喻（ideational metaphor）和人际隐喻（interpersonal metaphor）。Martin（1992/2004）和 Thompson（1996/2000，2004/2008，2014）论述了语篇隐喻（textual metaphor）也是英语小句的主要特征。

上面第二条讲的语义范畴的命令由词汇语法范畴的疑问小句来体现，这类语法隐喻属于人际语法隐喻。从经验角度讲，小句的核心是过程，其他都是过程的参与者或者过程发生的环境。在一致式的情况下，词汇语法范畴层面的名词和名词词组体现语义范畴层面的事物（Thing），动词和动词词组体现发生的事件（Event / Happening）。如果名词或者名词词组体现发生的事件而非事物，就是隐喻式表达。

例（9-1）、（9-2）、（9-3）所体现的命题意义是相同的，意思是：中国在过去的几十年中发生了巨大的变化。不同的只是过程不同，因而导致参与者发生了相应的变化，环境成分变成了参与者。这种类型的语法隐喻属于经验语法隐喻。第一句的 "have taken place" 体现物质过程（Material Process），"Great changes" 是动作者（Actor），"in the past decades"

是表示时间的环境成分（Circumstantial Element：Time），"in China"是表示地点的环境成分（Circumstantial Element：Location / Place）。在例（9-2）和（9-3）中，"have witnessed"体现的是心理过程，在例（9-1）中表示时间和地点的环境成分变成了感觉者（Senser），"great changes"随之变成了现象（Phenomenon）。

（9-1）Great changes have taken place　in China　in the past decades.
　　　　动作者　　物质过程　环境成分：地点　环境成分：时间

（9-2）The past decades　have witnessed great changes　in China.
　　　　感觉者　　　心理过程　　现象　　环境成分：地点

（9-3）China　has witnessed　great changes　in the past decades.
　　感觉者　心理过程　　现象　　　环境成分：时间

关于语篇语法隐喻，Halliday（1985，1994/2000）没有讲到。当然，Halliday 没有说不存在语篇语法隐喻，只是没有讨论而已。Martin（1992/2004）不仅讨论了语篇语法隐喻，还讨论和分析了概念、经验、逻辑、人际等类别的语法隐喻。胡壮麟、朱永生、张德禄、李战子（2005：301-304）对这一问题进行了说明和分析。Martin，Matthiessen and Painter（2010）也解释了语法隐喻的各种类型。

我们认为，通过语篇手段体现不同的意义，则存在语法隐喻，而且是语篇语法隐喻。或者通常用来表示语篇标志的表达形式用来体现经验和人际意义就是语篇语法隐喻。

第五，语法隐喻和词汇隐喻既有区别又有联系。词汇隐喻和语法隐喻的不同体现在许多方面。词汇隐喻涉及的是一个特定的词语是如何被使用的，字面用法或是隐喻用法。图 9-2 展示的是词语"crippled"的不同用法，字面意义或隐喻意义。显然，这个词语的字面意义是"disabled"，正如在"a crippled child"中，而其隐喻意义是"in a difficult situation"，如在"crippled with the burden of the industrial revolution"中。如果一个人"crippled"，他 / 她不能正常使用自己的胳膊或腿。从这个意义上讲，词语"crippled"和"disabled"具有相似的意义。换句话说，词语"crippled"用的是字面意义，描述一个人的身体状态。

="disabled"	="in a difficult situation"	meaning
crippled *e.g. a crippled child*	*e.g. crippled with the burden of* *the industrial revolution*	wording
literal use	metaphorical use	

图 9-2　字面意义和隐喻意义（Thompson 2004/2008：221)

　　因此，如果说一个企业"crippled with the burden of the industrial revolution"，是把企业比作一个人，企业处于困境正如一个人腿脚不便。更具体地说，词语"crippled"不是用来描写一个人的身体状态，而是指企业的实际形势。因此，这是隐喻用法。

　　图 9-3 展示了词汇隐喻和语法隐喻的区别。此图也证实，隐喻是词语使用的变异，或者是意义表达的变化（Halliday 1994/2000：341）。这表明看待同一语言形式的两种不同方式，从顶端或是从底端。

　　如果我们想表达"a clap with loud noise"这个名词词组的意义，词汇隐喻和语法隐喻有不同的体现方式。词汇隐喻方面，词语"loudly"用的是字面意义，而词语"thunderously"则用的是隐喻意义，形容掌声像雷鸣；相对地，在语法隐喻层面，名词词组"a loud applause"被用来表达发生的事件，则是隐喻表达，而不是一致式表达，因为发生的事件的一致式表达应由动词词组"applauded loudly"来体现。很明显，语法隐喻涉及的是同一意义由不同的形式来体现。

clap + loud noise			
(a) lexical metaphor		(b) grammatical metaphor	
① ↘	② ↘	① ↘	② ↘
applauded loudly	applauded thunderously	applauded loudly	a loud applause

图 9-3　词汇隐喻和语法隐喻的区别（Halliday and Matthiessen 1999/2008：232)

　　我们可以看到，这里讲的词汇隐喻和上面讲的作为修辞手法的隐喻非常相似。下面我们将从相反的方向集中讨论同一意义是如何被不同形式，即一致式或隐喻式，来体现的。图 9-4 的例子来自 Thompson（2004/2008：221)。

"in a difficult situation"	meaning
= in a difficult situation because of the = crippled with the burden of the effects of the industrial revolution industrial revolution	wording
congruent wording metaphorical wording	

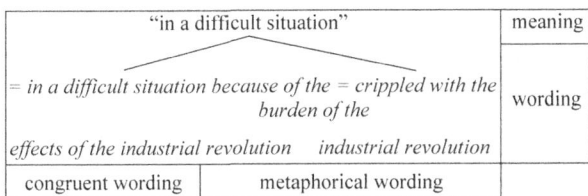

图 9-4 一致式和隐喻式表达

术语一致式（congruent）指的是接近外部世界的事态（"closer to the state of affairs in the external world"）（Thompson 2004/2008：222）。而隐喻式指的是通过词汇语法形式表达某一个意义，而这个形式本来是表达不同的意义的（"the expression of a meaning through a lexico-grammatical form that originally evolved to express a different kind of meaning"）（Thompson 2004/2008：223）。在图 9-4 中，两种不同的形式都指称同一意义 "in a difficult situation"。而 "crippled with the burden of the industrial revolution" 不太接近外部世界的事态，因此被认为是隐喻式表达。

总之，词汇隐喻是语法隐喻的进一步细分，旨在考察同一个词语是如何使用的，字面意义还是隐喻意义。相反，语法隐喻是揭示同一意义是如何被体现的，是一致式还是隐喻式。此外，对语法隐喻的认识和恰当使用有助于我们更好地理解和使用语言。

第六，隐喻式和一致式是相对的概念，是程度的问题。根据我们的理解，Halliday（1985：322）讲到的无标记方式在一定意义上讲就是一致式表达，而有标记方式则是隐喻式表达。以下几点都是通过从 Halliday（1985，1994/2000），Thompson（1996/2000，2004/2008，2014）的总结而来。

首先，一致式表达和隐喻式表达的概念只是一个程度问题。因此，我们说某一个表达形式在表达同一意义时是完全一致式或隐喻式是不恰当的。更恰当的说法是，某一个表达形式比另一个形式更接近隐喻式或更接近一致式。两种表达方式没有非常明确的界限。我们不能谈论两个极端，不是非此即彼，而是两者的中间状态。表 9-1 可以展示两者只是程度问题。

表 9-1　一致式表达和隐喻式表达的程度问题

a crippled child	*a disabled child*	*a child who cannot use his arms and legs properly*
more metaphorical ◄--► more congruent		

（参见李满亮 2013：136）

其次，任何一种形式都有不同的意义。我们说一致式表达和隐喻式表达是体现同一命题意义的不同方式，这里的"同一"是一个相对概念。因为，一致式表达和隐喻式表达都是独立的意义体现形式，但是拥有一个核心意义（"...independent realizations, but share a certain core of meaning"（Huang 2000c：35）。所以，两种表达形式都表达一个核心意义，而不是相同的意义，因为任何一种形式在特定语境都表达不同的意义。

再次，一致式表达和隐喻式表达本质上没有比对方好或者差，同时，任何一个都没有比另一个出现频率更高或更正规。一致式和隐喻式有不同的功能，适合特定的语域（register）或者语境（context）。例如，"in a difficult situation because of the effects of the industrial revolution"是普通的表达，而"crippled with the burden of the industrial revolution"适合更正式的语域或语境。

9.3　作为语法隐喻的英语名词词组

我们（李满亮 2013：130-156）曾分析英语名词词组和其他语法结构相比属于语法隐喻，同时名词词组内部不同的组合方式也可以形成语法隐喻。在这里再简单做一个总结和回顾，但这不是重点。我们分析的重点在于讨论和英语名词词组对比，汉语名词词组和语法隐喻的关系。因此这一部分对英语名词词组作为语法隐喻以及和语法隐喻的关系不再从三个角度详细讨论，只做简单回顾和总结。

根据 Halliday（1994/2000：352）的观点，名物化（nominalization）是创造语法隐喻最强大的资源。也就是说，名物化是典型的名词词组作为语法隐喻的类型。简单来说，名物化指的是由其他类型的词组，通常是动词词组和形容词词组，转化为名词词组的语法过程。在一致式中，过程通常由动词词组体现，而事物的特征通常由形容词词组体现。而在隐喻式中，过程和事物的特征都由名词词组来体现。具体地说，动词词组和形容词词组不是作为过程和属性，相反，它们被名物化后作为名词词组中的事物（Thing）。很自然，名物化发生后，原来结构中某些信息会同时失去。

Martin，Matthiessen and Painter（2010：171）特别谈到了名词词组和语法隐喻的关系，从三个阶段进行分析名词词组所构建的意义。大致意思如下：

第一阶段，上学之前的孩子，讲到名词词组的时候，名词词组用来指具体的能够看得到的、听得到的、闻得到的、感觉得到的、触摸得到的、有形的（tangible）人或者事物的名称。和这些名词词组有关的修饰语也是具体的，如尺寸、形状、颜色、轻重等表示名词词组性质的词语。有时候，要讲清楚这些名词词组指的物体，我们可以指着具体的物体说，这是一本书，那是一张红色的木头桌子。

第二阶段，刚上学的时候，例如在上小学的时候，我们就会开始用名词词组来指不太能够直接感知到的、不一定是有形的物体。名词词组用来指抽象的事物和物体，如一种观点、一个概念、机构的名称，如议会、会议、学科的名称，又如基因、通货膨胀等等。表示这些概念的名词词组不能指着具体的物体，我们不可以说这个东西叫通货膨胀。对这些名词词组的理解需要进行进一步的解释和说明，例如举例说明，这样的情况就叫通货膨胀（inflation）。

第三阶段，大约在上中学的时候，我们不仅用名词词组来表示具体的和抽象的事物和实体（entity），还用名词词组来建构其他意义，就好像这些意义是实体或者事物。例如，名词词组可以用来指：（1）过程（processes），如 "perceive – perception"；（2）性质（qualities），如 "strong – strength"；（3）情态评价（modal assessments），如 "might – possibility"；（4）逻辑关系（logical relations），如 "so – cause"。我们讲语法隐喻是相对的概念，那么从名词词组建构意义的这三个阶段来看，第一阶段更接近一致式，第三阶段更接近隐喻式。同时，在第三阶段，名词词组在建构意义时，表示过程和性质，这个属于经验语法隐喻，而表示情态评价属于人际语法隐喻，表示逻辑关系是通过语篇手段，属于语篇语法隐喻。

根据 Halliday（1985，1994/2000），Halliday and Matthiessen（1999/2008，2004/2008，2014）的观点，英语名词词组的基本经验结构包含必须成分、事物以及其他可选成分，如指称语（Deictic）、数量语（Numerative）、修饰语（Epithet）、类别语（Classifier）和后置修饰语（Qualifier）。在这些成分中，很难识别和确定一致式和隐喻式。然而，上面的讨论表明，英语名词词组和语法隐喻关系密切，特别是和经验隐喻的关系。一方面，名词词组参与了及物系统中过程的转移。当物质过程转化为心理过程时，是嵌入介词短语中的名词词组转化为感觉者，另一个充当动作者的名词词组转化为现象。正因为名词词组在英语中充当参与者，所以它在一致式表达和隐喻式表达相互转换中具有不可取代的地位。

更加明显的例证是名物化的过程作为经验隐喻。名物化涉及动词词组或形容词词组的成分转化为名词词组的成分。例如，名词词组"the arrival of the train"相应的一致式表达应该由小句"The train arrived."体现。及物性是由物质过程体现，而物质过程由动词词组"arrived"体现。在名词词组中，中心语"arrival"是由动词词组"arrive"名物化而来，而嵌入名词词组后置修饰语中的成分是由过程中的动作者体现。根据我们的分析，在描述事件（Event）时，名词词组更接近隐喻式，而小句更接近一致式。从这个意义上讲，名物化是英语名词词组作为语法隐喻的典型例子。

另一方面，名物化作为典型的经验语法隐喻不是名词词组作为语法隐喻的全部。换句话说，名词词组作为语法隐喻还有比名物化更复杂的情况。Halliday（1994/2000：351）认为，名词词组是语法中首先被用来高密度集中词条的单位（"the nominal group is the primary resource used by the grammar for packing in lexical items at high density"）。也就是说，名词词组可以容纳必须由许多相关小句传递的信息。我们（李满亮 2013）分析了例（9-4a）到例（9-4f）的几个句子：

（9-4a）The girl is Mary Smith.
（9-4b）The girl is tall.

（9-4c）The girl was standing in the corner.

（9-4d）You waved to the girl when you entered.

（9-4e）The girl became angry because you knocked over her glass.

（9-4f）*The tall girl standing in the corner who became angry because you knocked over her glass after you waved to her when you entered* is Mary Smith.

选自 Quirk *et al.*（1985：1238）

这些例子中，例（9-4a）、（9-4b）、（9-4c）是三个描述女孩的特征，即姓名和身高以及状态的小句。前两个小句由关系过程体现，而第三个小句由行为过程体现。在这三个小句中，名词词组"the girl"充当主语。例（9-4d）和例（9-4e）是两个小句复合体，每个小句复合体都包含一个控制句（dominant clause）和一个依赖句（dependent clause），而名词词组"the girl"分别作为介词短语的补语和控制句的主语。

和前5例不同，例（9-4f）实际上是一个简单句。基本结构是"The girl is Mary Smith"，和例（9-4a）的结构相同。例（9-4f）中的斜体部分是一名词词组，"girl"是中心语，"the tall"是前置修饰语，其他成分是后置修饰语。这个复杂的后置修饰语是一个并列型的小句复合体，包含一个非限定小句"standing in the corner"和一个由"who"引导的限定关系小句。这个关系小句是一个从属型小句复合体，包含一个控制句"who became angry"，和一个由从属连词"because"引导的依赖句。这个依赖句是一个从属型小句复合体，包含一个控制句"you knocked over her glass"和一个由从属连词"after"引导的依赖句。这个依赖句又是一个小句复合体，由控制句"you waved to her"和依赖句"when you entered"组成。可以看出，这个简单句具有非常复杂的嵌入关系。

从例（9-4a）到例（9-4e）的小句和小句复合体都在例（9-4f）的小句中充当不同的角色。两个小句（9-4b、9-4c）和两个小句复合体（9-4d、9-4e）中体现的信息都被集中在（9-4f）一个小句中。在表达相同的命题意义时，这个复杂的名词词组比那几个小句和小句复合体更接近隐喻式。也就是说，名词词组和那些小句和小句复合体相比属于语法隐喻。

（9-5）Professor X , a very famous scholar of linguistics from London
who will talk with our students about the English nominal group
used as grammatical metaphor which is a significant concept in
systemic functional linguistics founded as a general linguistic
theory by an emeritus professor Halliday who is now living in the
University of Sydney which is famous for ...

以上例（9-4）的几个句子是从语法书上选的，例（9-5）是用内省法创造的词组，这个就是通常说的递归性（recursiveness）。除了小句，在词组的层面，只有名词词组可以按照递归性的方法，不断增加修饰语，使得名词词组内部结构中包含许多级转移的词组、短语、小句等语法单位。名词词组在一致式中是体现事物（Thing）的，而包含的小句是体现事件（Event）的，其他短语和词组可能体现环境成分的，因此在这个意义上产生了语法隐喻，而且这也属于经验语法隐喻。

从另一个角度讲，本来是由许多个小句建构的意义，运用词汇语法的手段全部集中在一个非常复杂的名词词组之中，许多个小句建构意义可以认为是一致式，而名词词组建构意义可以认为是隐喻式。我们按照上面回顾的 Martin, Matthiessen and Painter（2010: 171）的观点分析的话，英语的初学者在构建这些复杂的意义的时候，肯定是用小句来分别表达，而到了英语学习的高级阶段，才可能把这些信息集中在一个含有很多修饰语的名词词组里面。我们看到，把众多小句的信息集中到一个复杂的名词词组中这个过程，是通过语篇手段得到的，从这个意义上讲，众多小句是一致式，而这个复杂的名词词组是隐喻式，而且属于语篇语法隐喻。

9.4 汉语名词词组作为语法隐喻

上面的两个小节主要集中阐述了语法隐喻的基本概念，并且回顾和讨论了英语名词词组和语法隐喻的关系。主要是两个大的方面，名词词组与别的词组和语法单位，主要是小句，相比作为语法隐喻。也就是说，名词词组可以建构在一致式中由小句和别的词组建构的意义。另一个方面就是名词词组内部成分的不同形式作为语法隐喻，因为语法隐喻本来就是一个相对的概念。

我们在这一节讨论汉语名词词组和语法隐喻的关系，也从这两个方面进行分析和讨论，并且和英语名词词组进行对比，分别从经验、人际和语篇三个角度进行分析。

9.4.1　经验语法隐喻

从经验语法隐喻角度讲，名词词组在一致式中建构的意义是事物（Thing）或者物体（Object），而动词词组在一致式中建构的是过程，小句在一致式中建构的是事件（Event）。名词词组建构过程或者事件，这样的隐喻属于经验语法隐喻。我们将以下几个例子作为分析对象，从几个方面分析汉语名词词组作为经验语法隐喻的现象。

（9-6）妈妈爱我。（妈妈对我的爱）

（9-7）妈妈无私地爱着我。（妈妈对我无私的爱）

（9-8）妈妈对我的爱是无私的。（妈妈对我无私的爱）

（9-9a）她好读书，书籍使她认识现在的世界，也帮助她获得<u>几个热心为她介绍书籍以及帮助她认识其他方面的诚恳的朋友</u>。

选自　刘月华、潘文娱、故韡（2007：499）

（9-9b）几个朋友为她介绍书籍。

（9-9c）几个朋友帮助她认识其他方面。

（9-9d）朋友是热心的。

（9-9e）朋友是诚恳的。

第一，例（9-6）、（9-7）、（9-8）中，小句和括号中相应的名词词组表达的命题意义基本是相同的，不同的是词汇语法形式、小句和名词词组的表达形式不同。前两句中的"爱"是动词词组，体现的是心理过程，而在三个名词词组中，"爱"是名词词组的中心语，体现的是事物，"爱"体现心理过程是一式式，而体现事物是隐喻式，属于经验语法隐喻。

"无私"在例（9-7）中是附加语，而在名词词组中成为了中心语的修饰语，而在例（9-8）中，"无私"成为了补语。相对而言，"无私"体现的是一种性质或者品质（quality），因此作为补语和修饰语似乎更接近一致式，而作为附加语更接近隐喻式。至于"妈妈"和"我"，从语法上讲都分别体现的是主语和补语，而在语义上都分别是感觉者（Senser）和现象（Phenomenon），差别不是很大。

第二，例（9-9a）中划线部分的名词词组可以看作是由例（9-9b）、（9-9c）、（9-9d）和（9-9e）中的几个小句组成的。在名词词组中，几个小句分别充当修饰语，而且是级转移的修饰语，并且是前置修饰语。这一点和英语名词词组有所不同，英语名词词组很少用小句直接作为修饰语，尤其是前置修饰语，但是汉语名词词组中小句作为前置修饰语也可能是一致式的表达。因为小句尽管作为前置修饰语，仍然改变不了其描述事件的本质。"热心"在例（9-9a）的名词词组中实际上是过程"介绍"的附加语，"诚恳"是中心语"朋友"的修饰语。而在例（9-9d）和（9-9e）中，"热心"和"诚恳"是补语。作为过程的附加语和补语，都是说明品质的，均可以看作是一致式的表达，很难说哪个是语法隐喻。但是，作为初学汉语的人来说，依然分成几个小句较接近一致式，而复杂的名词词组更接近隐喻式。

（9-10a）往下身看，穿着<u>青缎十三飞的裤子</u>，<u>挑三针衲两线，衲的万字不到底</u>，打着<u>半字鱼鳞裹腿</u>，蹬着一双<u>犟牛帮，疙瘩底，翘半尖，鹦哥嘴，带尾巴的小洒鞋</u>，斜跨<u>百宝囊</u>，背背<u>一把三叉鬼头刀</u>，英雄氅脱下来，<u>麻花扣背在身后</u>。

选自 单田芳《大唐惊雷》第 85 页

（9-10b）穿着<u>青缎十三飞，挑三针衲两线，衲的万字不到底的裤子</u>
（9-10c）蹬着一双<u>小洒鞋，犟牛帮，疙瘩底，翘半尖，鹦哥嘴，带尾巴</u>

第三，我们分析一下例（9-10a）中的名词词组，因为这些名词词组和上面的情况不同。"穿着""打着""蹬着""斜跨""背背"，这些显然是主要动词及其延长成分，如"穿着"中"穿"是主要动词，"着"是延长成分。后面划线部分是其主要动词及其延长成分的补语（即宾语）。"英雄氅"和"麻花扣"处在主位的位置，但实际上是两个物质过程的目标（Goal）。"半字鱼鳞裹腿""百宝囊""一把三叉鬼头刀"这三个名词词组都比较简单，我们不再具体分析。

另外两个名词词组"青缎十三飞的裤子，挑三针衲两线，衲的万字不到底"和"一双鞾牛帮，疙瘩底，翘半尖，鹦哥嘴，带尾巴的小洒鞋"比较复杂。

"青缎十三飞的裤子，挑三针衲两线，衲的万字不到底"这个名词词组的中心语是"裤子"，"青缎十三飞的"显然是前置修饰语，这个没有什么好分析的。关键是后面的"挑三针衲两线"和"衲的万字不到底"，这两个实际上也是描述"裤子"的，因此是中心语的修饰语。既然放在中心语之后，是后置修饰语（Qualifier）。"挑三针衲两线"是两个动宾短语"挑三针"和"衲两线"组成的动宾短语复合体。"衲的万字不到底"在结构上也像是名词词组，也是修饰中心语"裤子"的后置修饰语。我们来对比分析一下例（9-10a）、（9-10b）、（9-10c）三种情况的名词词组。例（9-10b）是把所有的后置修饰语都放到了中心语的前面，证实它是修饰语，不然不可以放在中心语之前。例（9-10c）是把部分前置修饰语放到了中心语的后面。可以肯定地说，无论前置还是后置，都是正确的汉语表达，而且是实际使用的语言，我们要讨论的是哪一种更接近一致式。如果把所有的修饰语都前置，对于汉语名词词组虽然是常见的现象，但是似乎前置修饰语太长，半天找不到中心语，部分修饰语后置因此显得更加合理。从汉语的习惯上讲，修饰语前置更接近一致式，而修饰语后置更接近隐喻式。此外，从这个复杂的小句来看，修饰语前置也更接近一致式，因为别的所有的名词词组都是修饰语前置的，后置属于隐喻式。之所以采用隐喻式描述裤子，可能也是因为修饰语中含有动词，后置更容易突出信息。这一点也和英语名词词组不同，英语名词词组的修饰语不可以随意前置后置。

9.4.2 人际语法隐喻

汉语名词词组的功能比英语名词词组的功能都要多，无论是句法功能还是语篇功能，我们从以下两个方面简单讨论一下汉语名词词组和语法隐喻的关系。

第一，从人际角度看，如果名词词组用来表示情态或者评价，就是名词词组作为人际语法隐喻。下面例（9-11）、（9-12）和（9-13）中划线部分的名词词组的句法功能不是表示人和事物的名称，而是表示情态和评价。"明摆着的事"虽然是内省法创造，但也是汉语中常见的说法，相当于英语的"obviously"或者"It is obvious that..."。这样的名词词组的用法就是汉语名词词组作为人际语法隐喻（Chinese nominal group as interpersonal grammatical metaphor）。

（9-11）他们总是<u>形式主义</u>地看问题。

（9-12）这个任务已经<u>历史</u>地落在我们肩上。

选自 刘月华、潘文娱、故韡（2007：516）

（9-13）<u>明摆着的事</u>，你做错了。

第二，在命题意义基本相同的情况下，选择感情色彩不同的修饰语，这样建构的不同意义产生了人际语法隐喻。例如"a big man"和"a great man"相比较，"big"属于经验修饰语，而"great"属于人际修饰语。与此类似，文学作品中对于人物的描写，由于感情色彩的不同，正面人物和反面人物的描写截然有别。较客观的描写属于经验描写，接近一致式描写，而较主观的描写就是人际描写，接近隐喻式描写，而且属于人际语法隐喻。

下面例（9-13）和（9-14）都是描写老道的，所不同的是，例（9-13）描写的老道是正面人物，是唐朝名将、凌烟阁名臣李靖的后代，赠与白眉大侠徐良家传的宝剑。而例（9-14）描写的老道是反面人物，是白眉大侠徐良的死敌、正义人士的死敌。

（9-13）喽啰兵走了，约片刻工夫，进来一个出家的老道。喽啰兵往旁边一闪，徐良一看，这老道长得是<u>仙风道骨</u>，高不过七尺，长得<u>富富态态</u>，<u>面如晚霞</u>，<u>花白胡须</u>，没戴帽子，高绾牛心<u>发卷</u>，<u>铜簪别顶</u>，手里拿着拂尘，身后边背着把宝剑，斜挎着黄兜子。

选自　单田芳《白眉大侠》（壹）第 53-54 页

（9-14）开封府众人一瞅，这老道长得挺凶，瘦得<u>皮包骨</u>，<u>头似骷髅</u>，<u>深眼窝里一对小蓝眼珠</u>，一闪一闪冒<u>鬼火</u>；<u>小鹰钩鼻鲢鱼嘴</u>，<u>焦黄胡须</u>散满前胸，头戴<u>白绞道冠</u>，身穿<u>白绫道袍</u>，圆领大袖，腰系丝绦，背双剑，手拿拂尘，<u>面如瓦灰</u>。这要黑天半夜冷不丁瞅他能吓个跟头，活脱是<u>骷髅</u>成精了。

选自　单田芳《白眉大侠》（壹）第 193 页

我们简单对比一下用来描写正面和反面两个老道所用的名词词组，同样是描写老道，有人际意义的差别，见表9-2。

表9-2　汉语名词词组作为人际语法隐喻

描写正面的老道	描写反面的老道
仙风道骨	皮包骨
富富态态	头似骷髅、深眼窝、 一对小蓝眼珠，小鹰钩鼻鲢鱼嘴
面如晚霞	面如瓦灰
花白胡须	焦黄胡须
牛心发卷，铜簪别顶	白绞道冠，白绫道袍

9.4.3　语篇语法隐喻

在建构意义的过程中，语篇因素肯定会参与其中，因为经验意义和人际意义最终是由词汇语法和音系来体现的，词汇语法形式是语篇组织的主要手段。因此，由于语篇因素产生的和一致式不同的意义，我们视为语篇语法隐喻。具体表现在以下几个方面：

第一，名词词组是表示人和事物的名称，从功能语法角度讲，名词词组在一致式中建构的意义是事物。如果名词词组在语篇中所起的功能是语篇功能，例如汉语中"首先""其次""再次""最后"，这样的词语是语篇组织的手段。如果名词词组在语篇中起着连接作用（conjunction），我们认为就是汉语名词词组作为语篇语法隐喻（Chinese nominal group as textual grammatical metaphor）。我们在第七章讨论名词词组的语篇功能时已经讲到了这一点，在这里再从语法隐喻角度做一下分析。试看以下例（9-15）、（9-16）和（9-17）。单田芳讲的评书中经常讲到这几句话，这样的话通常在评书和相声中被称为"定场诗"（参见百度百科）。

（9-15）<u>酒</u>是<u>穿肠毒药</u>，<u>色</u>是<u>刮骨钢刀</u>，<u>财</u>是<u>惹祸根苗</u>，<u>气</u>是<u>雷烟火炮</u>。

（9-16）<u>马有垂缰之义</u>，<u>犬有湿草之恩</u>，<u>羊羔跪乳报母恩</u>，<u>猿偷献果自奔</u>，<u>蛛织罗网护体</u>，<u>鼠盗余粮防身</u>，<u>梅鹿见食等成群</u>，<u>无义之人</u>可恨！

（9-17）<u>春天萌芽出土</u>，<u>夏天荷花飘飘</u>，<u>秋天树叶被风摇</u>，<u>冬天百草穿孝</u>。<u>四季并成一字</u>，不差半点分毫。<u>暑去寒来杀人刀</u>，不论男女老少。

　　在语篇连接中，连词的功能就是起连接作用，连词或者连词词组起连接作用是一致式，而名词词组起连接作用则是语篇语法隐喻式。这一点汉语名词词组比英语名词词组更加明显。在例（9-15）中，"酒""色""财""气"这几个名词词组在小句中充当主语，而"穿肠毒药""刮骨钢刀""惹祸根苗""雷烟火炮"这些名词词组充当补语。但是，这些名词词组在语篇中却起着把整个语篇连接成语义连贯的一个整体这样的功能。这既是名词词组的语篇功能，也是名词词组作为语法隐喻的表达方式。例（9-16）和（9-17）中画线部分的名词词组和例（9-15）中画线部分的名词词组的功能基本相同或者相近，在小句中充当一定的成分，同时在语篇中起着连接作用。

　　第二，我们在第六章讨论名词词组句法功能的时候，以及上面的一节，已经讨论了英语名词词组尽管在隐喻式中可以建构过程的意义，但是在语法上却不可以作谓语。这一点英语名词词组和汉语名词词组不同，因为汉语名词词组可以<u>直接作谓语</u>，例如，"今天<u>好天气</u>"和"<u>这位外籍教师非常地道的汉语普通话</u>"这两个结构中，画线部分的名词词组直接作谓语。尽管在语法上作为谓语，但实际上还是对名词的描述。动词词组作谓语是一致式，而表示事物的名词词组作谓语显然是隐喻式，而这种隐喻属于语篇手段，因此属于语篇语法隐喻更为合理。

　　第三，修饰语顺序的不同，这是语篇手段。Halliday（1985，1994/2000），Thompson（1996/2000，2004/2008，2014），Halliday and Matthiessen（2004/2008，2014）等在讲到主位的时候，区分简单主位（Simple Theme）和多项主位（Multiple Theme）。所谓的多项主位就是语篇、人际、经验主位同时出现的情况。例如，"But surely he knew."这个小句中，"but"是语篇主位，"surely"是表示情态的人际主位，"he"是经验主位，但是"But he surely knew."这个小句中，"surely"则不是主位的一部分，而是述位的一部分。也就是说，在经验主位左边的是主位的一部分，位于经验主位后边的则不是主位的一部分，是述位的一部分。由此可以看出，由于顺序不同，主位不同，信息的分布也不同，强调和突出的重点也不同。语篇主位的位置，像这个例子中的"but"是不能随意调整的。但是，一般认为主语充当主位是无标记主位，而宾语/补语充当主位是有标记主位，无标记形式更接近一致式，而有标记形式更接近隐喻式。这些都说明，小句中各个成分分布和出现的顺序是语篇现象，因此，由于顺序的不同导致建构意义的差别属于语篇现象。由此类推，由于顺序不同形成的语法隐喻属于语篇语法隐喻。

　　第四，和英语名词词组比较而言，汉语名词词组能够容纳很多词组、小句和词的能力更加强大。所不同的是，英语级转移修饰语一般后置，而汉语名词词组除了中心语，级转移修饰语一般是前置修饰语。而且，前置修饰语可以有很多类型，既包括小句、形容词词组、名词词组以及其他语法单位和结构，如动宾短语。小句体现的是事件（Event），而名词词组体现的是事物（Thing）。动词和动词词组体现事件是一致式表达，而名词词组体现事件是隐喻式，属于经验语法隐喻，这个在前面章节已经讨论过。然而，从另一角度来讲，名词词组容纳本来由小句和许多其他词组容纳的信息组成。从小句到语篇来组织信息，也是通过语篇手段，相对于小句而言，名词词组属于语篇语法隐喻。复杂名词词组一般用于正式的语篇中，除了语言使用中实际的语篇，我们通过内省法可以创造包含很多修饰语的名词词组。

9.5　结语

　　这一章在前面几章分析英汉名词词组内部功能句法结构和功能语义结构的基础上，把句法和语义结合起来进行分析和讨论，因此涉及语法隐喻的问题。我们首先简要回顾和阐述了隐喻作为修辞手段，认知语言学对隐喻概念的基本看法，最后从语法隐喻和词汇隐喻的区别联系、语法隐喻和纯理功能的关系、一致式和隐喻式的相对关系等角度介绍和分析了系统功能语言学中关于语法隐喻的基本概念。接着简要分析和总结了英语名词词组和语法隐喻的关系，最后重点对比分析和讨论汉语名词词组和语法隐喻的关系。结论如下：（1）英语和汉语的名词词组和小句等其他单位相比较，在建构意义的时候可以作为语法隐喻，而且语法隐喻都可以从经验、人际、语篇角度考察；（2）名词词组体现过程属于经验语法隐喻，英语名物化和汉语名词词组作谓语都是典型的经验语法隐喻；（3）名词词组体现情态、评价属于人际语法隐喻，客观评价和感情色彩的评价也存在人际语法隐喻；（4）名词词组作为语法衔接和词汇衔接手段则属于语篇语法隐喻；（5）名词词组容纳本来由小句和许多其他词组容纳的信息。从小句到语篇来组织信息，也是通过语篇手段，相对于小句而言，名词词组属于语篇语法隐喻。

第十章　英汉名词词组复合体对比

10.1　引言

我们在前面的章节主要从语法范畴、内部功能结构、句法功能、语篇功能、功能语义结构、语法隐喻等角度对比讨论了英汉名词词组的情况，本章讨论英汉名词词组复合体。从文献上看，英语传统语法、结构主义语法和汉语的语法都很少或没有讨论语法单位复合体的问题。系统功能语言学内部，加的夫语法也没有词组复合体和小句复合体这一概念。但是，各个语法单位的复合体是和特定单位不同的语法结构，也就是说，名词词组复合体是和名词词组不同的结构，小句复合体也是和小句不同的结构。因此，有必要讨论和搞清楚复合体的情况。就系统功能语言学研究而言，对词组、短语和小句复合体的研究也较少。引入词组复合体的概念也有助于更好地理解和分析汉语中复杂名词词组的功能结构。

实际上，语法单位有一个纵向和横向组合的问题。从纵向来看，语素、词、词组 / 短语、小句、句子组成级阶。在级阶上，高一级语法单位是由低一级语法单位的成分组成的，或者反过来说低一级语法单位按照不同的方式组成高一级语法单位，成为高一级语法单位的成分。但是，从横向来看，级阶上各个层级的语法单位还可以组成复合体，即小句复合体、词组或短语复合体、词复合体、语素复合体。拿词组来说，词组复合体从级阶角度看，不是比词组大一级的语法单位，因为它不是小句。但是，词组复合体是词组横向组合的结果。

我们首先简要回顾语法单位复合体的总体描述，接着对英汉名词词组复合体从结构、功能、语义等角度进行对比分析。对于英汉名词词组复合体功能结构的分析，我们将采取悉尼语法模式和加的夫语法模式两种方法进行。而名词词组复合体的句法功能、语篇功能与名词词组的功能基本是相同的，本章不再详细分析。

10.2　语法单位复合体

关于语法单位的复合体问题，我们首先简要回顾一下 Halliday（1994/2000：215-288）所讲的基本内容和基本观点，然后我们按照这个基本的观点和研究方法对英汉名词词组复合体进行对比。理论上讲，级阶上的每个单位按纵向可以组成更高一级的单位，而横向组合都可以组成复合体，如图 10-1 所示。

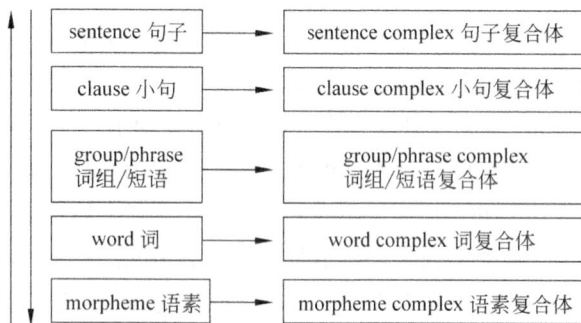

图 10-1　语法单位及其复合体

Halliday 重点分析的是小句复合体和词组短语复合体。我们先从小句复合体谈起，因为词组和短语的复合体和小句复合体类似。

组成小句复合体的小句有两种类型：相互依赖关系（interdependency）和逻辑语义关系（logico-semantic relation）。相互依赖关系有两种主要的组合方式，并列（parataxis）和从属（hypotaxis）。从属关系表明两个小句一个是控制句（dominant clause），句法分析时用"α"表示，一个是依赖句（dependent clause），句法分析时用"β"表示。并列型关系中两个小句的地位平等，一个是起始句，句法分析时用数字"1"表示，另一个是继续句，句法分析时用"2"表示。逻辑语义关系分为两种，扩展（expansion）和投射（projection）。在扩展关系中，次要小句（secondary clause）对主要小句（primary clause）通过三种方式加以扩展，即解释

（elaborating）、延伸（extending）和增强（enhancing）。更多关于复合体的问题，参见 Halliday and Matthiessen（2004/2008，2014），Thompson（1996/2000，2004/2008，2014），黄国文（2000b），何伟、高生文（2011）。

我们分析一下例（10-1）和（10-2）中的小句复合体，选自经典歌曲 "Yesterday Once More" 的第一句。其中，例（10-1）是两个小句复合体，例（10-2）略加改动，变成了一个小句复合体。三条竖线表示小句复合体，并列型的小句复合体中间用两条竖直线表示，而从属型的小句复合体中间用单条竖直线表示。例（10-2）中，1α 和 1β 中的 1 表示是并列型小句复合体中的起始句，1α 和 1β 表示这个起始句中的控制句和依赖句。同样，2β 和 2α 中的 2 表示并列型小句复合体中的继续句，而 2β 和 2α 分别表示这个继续句中的依赖句和控制句。依赖句和控制句是从属型的，我们可以认为是并列型小句复合体中又套有从属型小句复合体。

（10-1）||| When I was young, | I'd listen to the radio. |||

               β   α

||| When they played, I'd sing along. |||

         β   α

（10-2）||| When I was young, | I'd listen to the radio, || and when they played,

        1β   1α   2β

| I'd sing along. |||

  2α

名词词组复合体和小句复合体类似，也分为相互依赖关系和逻辑语义关系。我们通过下面的例子作进一步说明。名词词组复合体主要是同位关系（apposition）和并列（co-ordination）关系。更多关于复合体的研究和论述，参见 Bloor and Bloor（1995/2001，2004，2013），Thompson（1996/2000，2004/2008，2014），Halliday and Matthiessen（2004/2008，2014），黄国文（2000b），Martin，Matthiessen and Painter（2010）等。

10.3 英语名词词组复合体

（10-3）all this fresh bread and sweet butter

选自 Bloomfield（1933/2001：205）

一般我们讲的名词词组的修饰语，指的是名词词组内部的成分中，有的成分是中心语，而有的成分是修饰语。这个修饰语实际上是围绕中心语的，是中心语的修饰语，而不是整个词组的修饰语。然而，和词组类似，名词词组复合体也有自己的中心语和修饰语。也就是说，存在这种情况，修饰语修饰的不是名词词组复合体中某个名词词组的中心语，而是修饰整个词组复合体。例（10-3）中，"all this"修饰的是"fresh bread and sweet butter"这个整体，而不是哪一个部分。这是一个比较简单的名词词组复合体，而且是孤立的，没有放在具体的小句中。我们将在下面第 10.5 节中具体讨论名词词组复合体修饰语这个问题，并且提出新的看法。

例（10-4）是一个相对复杂的小句。为了方便分析，我们把其中的名词词组和名词词组复合体用下划线标示出来。"Lunch and dinner"是名词复合体，而不是名词词组复合体，因为它作为介词"for"的补语，不是小句的成分，同时也没有自己的修饰语和限定语。"plain or specifically prepared rice"可以是一个名词词组而非一个名词词组复合体，"rice"是中心语，前面的"plain or specifically prepared"确切地说是一个形容词组复合体，也可以理解为是一个名词词组复合体，即"plain rice or specifically prepared rice"。而"side dishes of delicious chicken curry, 'rendang' and a variety of others"显然是一个名词词组，"dishes"是中心语，"side"是前置修饰语，介词"of"带出的介词短语是后置修饰语。而"of"的补语"delicious chicken curry, 'rendang' and a variety of others"却是一个名词词组复合体，由三个并列的名词词组组成。

（10-4）For <u>lunch and dinner</u>, <u>plain or specifically prepared rice</u> is often eaten with <u>side dishes of delicious chicken curry, "rendang" and a variety of others</u>.

选自 Bloor and Bloor（1995/2001：144）

我们在前面的章节也反复强调，英语名词词组和汉语名词词组有一个共同点，那就是无论结构多么复杂，修饰语有几个，都是围绕中心语进行的。Sinclair（1991：86-87）指出，在描述名词词组时，识别中心词是第一步。系统功能语法中对英语名词词组的描述也是如此。需要说明的是，名词词组和名词词组复合体的本质区别在于中心语，如果只有一个中心语，无论前置和后置修饰语如何复杂，就是名词词组，如果有两个或者多个中心语，无论修饰语如何简单，都是名词词组复合体。例如，第二章例（2-1）中，"The tall girl standing in the corner who became angry because you knocked over her glass after you waved to her when you entered"是一个名词词组，而不是词组复合体，因为尽管修饰语比较复杂，但是中心语只有一个，即"girl"。而"the teacher and the student"尽管结构和修饰语比较简单，但是中心语有两个，"teacher"和"student"，它就是词组复合体，是由两个名词词组复合而组成的。

像上面的"lunch and dinner"是并列型名词复合体，而"the teacher and the student"这样的名词词组复合体属于并列型的名词词组复合体。在这种类型的名词词组复合体中，组成复合体的几个名词词组的地位是相同的。

那么，该如何区分名词词组复合体和名词词组集合（collection of nominal groups）呢？类似语篇和句子集合的区别，如果几个名词词组有语义上的连贯性，或者在特定语境中具有语义上的连贯性，那它就是名词词组复合体。如果几个名词词组之间没有语义上的任何联系，句法功能也无法判断，放在语境中也没有意义上的连贯，那它就是名词词组的集合，而非名词词组复合体。例如，"the handsome boy and the beautiful girl"是名词词组复合体，而"the telephone and the blue sky"这两个可能没有语义上的连贯性。但是，如果说一个人躺在草地上，看着蔚蓝的天空，手里玩着手机，"All the man thinks of right now are the telephone and the blue sky."在这样的语境中，这两个名词词组放在一起也是可以的，因此也可以成为名词词组复合体。也就是，语境可以是判定名词词组复合体和名词词组集合的重要因素之一，因为通过语境我们可以简单分析和判断几个名词词组是否有语义上的连贯性。

这里，我们简单分析一下多个形容词同时做名词词组中心语的修饰语和形容词词组复合体充当名词词组中心语修饰语的细微差别。多个形容词作为前置修饰语有一个逐层推进的问题，而形容词词组复合体则作为一个整体修饰中心语。例如，"a beautiful lovely girl"和"a beautiful and lovely girl"。为比较清晰展示二者的不同，我们用下图做个比较。

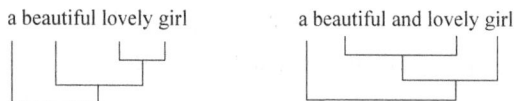

图 10-2　多个形容词和形容词词组复合体做名词词组中心语修饰语对比

"a beautiful lovely girl"这个名词词组中，"girl"是中心语，"lovely"修饰"girl"，而"beautiful"修饰"lovely girl"，本质上还是修饰中心语"girl"。但是，我们不可以说"beautiful"修饰名词词组，因为"lovely girl"不是名词词组，因为没有限定修饰语"a"。"beautiful lovely girl"同样也不是名词词组，只有加上限定修饰语"a"才成为词组。同理，"girl"不是词组，"a girl"是词组。所谓逐层推进是这样的：（What？什么）girl 女孩→（What kind of girl? 什么样的女孩）lovely girl 可爱的女孩→（What kind of lovely girl? 什么样可爱的女孩）beautiful lovely girl 美丽可爱的女孩→（What kind of beautiful lovely girl 什么样美丽可爱的女孩）a beautiful lovely girl 一个美丽可爱的女孩。

"a beautiful and lovely girl"则略有不同。除了限定修饰语"a"和中心语"girl"之外，描述性的修饰语"beautiful and lovely"是一个并列型形容词复合体，组成复合体的两个形容词"beautiful"和"lovely"的地位是平等的，合起来修饰中心语，这两个形容词不存在逐层推进的问题。（What? 什么）→ girl 女孩→（What kind of girl? 什么样的女孩）→ beautiful and lovely girl 美丽而且可爱的女孩。

10.4　汉语名词词组复合体

在汉语中，词组的复合体一般称为联合结构，而这种联合结构包括名词词组。汉语名词词组复合体在正式语域中用得较多。我们来看例（10-5）。用下划线标示出名词词组，为了叙述方便，用数字进行标号。

（10-5）鲁迅是（1）著名文学家、（2）思想家、（3）革命家、（4）教育家、（5）民主战士、（6）新文化运动的重要参与者、（7）中国现代文学的奠基人之一。

选自 https://baike.baidu.com/

我们从以下几方面进行精密度分析：

第一，单独来看，划线部分是七个名词词组，但是从小句的角度看，这七个名词词组是并列的，构成一个名词词组复合体，整体充当小句的一个成分，补语。这个复合体属于并列型的名词词组复合体，各个名词词组在复合体中具有同等地位。在这个特定的语境中，这七个名词词组不是词组的集合，而是词组复合体。

第二，按照汉语的语法，七个名词词组是判断句中"是"后面的成分。按照功能句法分析，小句的结构其实很简单，是一个简单句，"鲁迅"是主语，"是"是主要动词，后面的名词词组复合体是补语，只是补语较复杂。

第三，独立来看，"文学家""思想家""革命家""教育家"是名词，不是名词词组，这里的"家"是一个语素，而且是粘着语素，不是自由语素，因为不能独立出现在词组或者小句中，因此不是一个词，只有粘着在"文学""思想""革命""教育"这几个自由语素上才构成一个词。这几个词从内部结构来看，是属于向心结构（endocentric construction），存在修饰关系。按照汉语语法，属于偏正结构的名词。虽然独立来看是名词，但是放在这个小句中，则是名词词组。从功能语法级阶角度讲，这几个词都是小句的成分，因此是名词词组，因为在级阶上，小句是由词组构成的，只不过这些名词词组只有中心语。而"著名文学家"则是典型的偏正结构的名词词组，"著名"是加的夫语法中修饰语（modifier）和悉尼语法中的描述修饰语（Epithet），"文学家"是中心语。"民主战士"是一个偏正型名词词组，"战士"是中心语，"民主"是类别修饰语（Classifier）。这几个名词词组集体作为补语，是名词词组的组合，因此是并列型名词词组复合体。

第四，从功能结构上看，在"新文化运动的重要参与者"这个名词词组中，"参与者"是中心语，"者"是粘着语素，"重要"是描述性修饰语，"新文化运动的"是类别语。"中国现代文学的奠基人之一"这个名词词组略微复杂一点，"奠基人"是中心语，"中国现代文学的"是类别语，而这个类别语本身是一个名词词组，"文学"是中心语，"中国"和"现代"都是类别语，"之一"是中心语"奠基人"的后置修饰语。

我们再分析一下元曲作家马致远创作的著名小令《天净沙·秋思》。

（10-6）（1）<u>枯藤</u>（2）<u>老树</u>（3）<u>昏鸦</u>，（4）<u>小桥</u>（5）<u>流水</u>（6）<u>人家</u>，（7）<u>古道</u>（8）<u>西风</u>（9）<u>瘦马</u>，夕阳西下，断肠人在天涯。

《天净沙·秋思》（元）马致远

这首小令中，"夕阳西下"和"断肠人在天涯"这两句既包含名词词组，又包含动词词组，因此是小句。从句法角度看，前面三句没有动词和动词词组，因此不构成小句。三句话包含九个名词词组，这些名词词组是并列结构。从语篇角度看，这些名词词组构成并列型名词词组复合体。

通过以上分析，我们可以看到，汉语名词词组复合体在实际语言使用中出现的频率很高，而且在正式的文体中使用较多。至于英汉名词词组复合体的句法功能和语篇功能，与名词词组的功能大致相同，不再赘述。

10.5　从属型名词词组复合体

上述修饰语，前置或者后置，都是围绕名词词组中心语的，是对中心语的修饰和描述。但也有一种情况，就是修饰语不是修饰中心语的，而是修饰整个名词词组的。在第 10.3 节，我们已经做了初步介绍。此外，我们（李满亮 2019）已经对英语名词词组复合体的逻辑依赖关系进行了分析和探讨。在这一节，我们先分析 "so beautiful a girl" 和 "such a beautiful girl" 这两个结构，将从以下几个角度进行讨论。

　　第一，我们首先看加的夫语法对这两个结构的分析，见图 10-3 和图 10-4。共同点是都认为"girl"是中心语，"a"是指称限定语。不同之处在于，"beautiful"在"such a beautiful girl"中是修饰语（modifier），而在"so beautiful a girl"中不是。"such"和"so beautiful"认为是推断语（inferer，i）。"such"是一个数量词组（qtgp），填充推断语，而这个数量词组由数量语（amount，am）组成。而"so beautiful"是一个质量词组（qlgp），填充推断语，其中"so"是强调调节语（emphasizing temperer，et），而"beautiful"是质量词组中心语（apex，a）。关于这一部分内容以及推断语的详细论述和分析，参见 Fawcett（forthcoming：Chapter 21），何伟、张敬源等（2015：92-93）。

　　总之，这样的分析是把"such"和"so beautiful"看作名词词组的内部结构成分之一，是名词词组的直接成分，也就是围绕中心语的，是对中心语"girl"的描述。

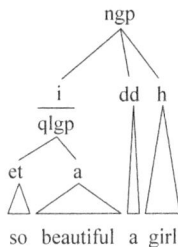

图 10-3　从属型名词词组复合体
功能句法分析（1）

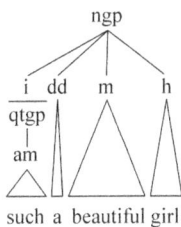

图 10-4　从属型名词词组复合体
功能句法分析（2）

　　第二，这两个结构从总体来看是名词词组无疑，中心语都是"girl"，"a"是指称语，或者指称限定语（deictic determiner，dd）。无论是"such"还是"so"，显然都不是中心语"girl"的修饰语，因为"such girl"或者"so girl"都是不被接受的表达。"such"的功能和"a"的功能是不同的，因为"a girl"是正确的表达。也就是说，名词词组中心语的任何一个修饰语都可以直接修饰中心语，如果不能直接修饰中心语，则不是名词词组的内部结构成分。换句话说，"such"和"so"都不是以"girl"为中心语的名词词组的直接成分。

第三，句法研究有外部句法（external syntax）研究和内部句法（internal syntax）研究之分。前者指的是研究某一个语法单位的整体，研究这个结构体在更高一级语法单位或者语境中的角色，而后者指的是研究一个结构体内部的构成以及各个组成部分之间如何组合成这个结构体的（参见胡壮麟 2017：68）。例如，"a beautiful girl"这个结构体，如果从外部句法研究角度看，考察的是这个结构体在更大的结构体或者语境中的角色以及和别的结构体的关系，而内部句法则考察其内部三个词语之间的关系以及三个词语在整个词组每个结构体中的角色。

第四，按照以上这个原则，"such"和"so"既然不属于以"girl"为中心语的名词词组的内部成分，那么就可以从外部考察这两个词和"girl"的关系。"such a beautiful girl"这个结构中，"a beautiful girl"自己本身是一个标准的名词词组，"such"的使用给这个名词词组增加了一些新的信息，加强了语气，没有它也不影响名词词组的句法功能。因此，"such"是修饰整个名词词组的，而不是修饰名词词组中心语的，功能类似于附加语（Adjunct）。从级阶上来看，带有附加语的名词词组不同于别的典型名词词组，因此我们可以把它归入名词词组复合体。"the boy and the girl"这个名词词组复合体中，"the boy"和"the girl"的地位是平等的，因此整体结构是一个并列型的名词词组复合体（paratactic nominal group complex）。但是，附加语和名词词组的地位不是平等的，是从属于名词词组的，因此是从属型名词词组复合体（hypotactic nominal group complex）。就词类和语法单位而言，"such"是名词，"so"是副词，而"so beautiful"是形容词词组。

第五，"so beautiful a girl"和"such a beautiful girl"略有不同。虽然"beautiful"可以修饰中心语"girl"，但是"so beautiful"不可以直接修饰"girl"。因此"so beautiful"这个形容词词组不是"a girl"这个名词词组的直接成分或者内部成分。毕竟和"a very beautiful girl"的结构不同。"a very beautiful girl"中，"girl"是中心语，"a"是指称语，"very beautiful"这个形容词词组是描述性修饰语。综合起来说明，"so beautiful"不是修饰"girl"的，而是修饰"a girl"的。和"such"类似，"so beautiful"整个形容词词组作为名词词组"a girl"的附加修饰语，因此"so beautiful a girl"是一个名词词组复合体。同时，由于"so beautiful"和"the girl"的地位不同，不是并列的，前者是从属于后者的，因此这也是一个从属型名词词组复合体。

　　第六，上面的两个例子，如果名词词组中心语是复数"girls"的话，可能是另外一种分析。这也是正常的，从功能句法角度看，任何不同的形式都有不同的意义。而且，词汇因素（lexical factor）会影响句法结构，进而会影响语义。例如，"Flying planes can be dangerous."这个句子有歧义（参见第八章），因为"can"不能显示它前面的主语是单数还是复数，因此无法判断"planes"是名词词组的中心语，还是非限定小句中"flying"的补语。但是，"Flying a plane can be dangerous.""Flying planes is dangerous."以及"Flying planes are dangerous."则没有歧义。原因在于："Flying a plane"只能是非限定小句，不可能是名词词组，如果是名词词组，应该是"a flying plane"；"Flying planes is dangerous."中，"Flying planes"也只能是非限定小句，不可能是名词词组，因为如果它是名词词组的话，谓语动词必须用复数"are"而不是单数"is"；相反，"Flying planes are dangerous."中，"Flying planes"只能是名词词组，不可能是非限定小句，因为如果它是非限定小句，紧跟其后的谓语动词只能是单数"is"，不能是复数"are"。

　　由此可见，这几个句子的区别在于"can""is"和"are"的选择以及"a plane"和"planes"的选择。这几个小句的表层结构是相同的，但是不同词语的选择会导致不同深层结构的产生，这一点足可证明词语因素会影响句法结构，进而影响一个结构体的功能语义结构。

　　"such beautiful girls"中的"such"和"beautiful"都可以直接修饰"girls"，因此两个都是中心语"girl"的修饰语，"girl"是首品词，"such"和"beautiful"都是次品词。"such"的功能相当于指称语（Deictic 或者 deictic determiner, dd），"beautiful"的功能相当于描述修饰语（Epithet 或者 modifier, m）。另外，这三个词也有逐层推进的意思：（what?）girls → （what kind of girls?）beautiful girls → （what kind of beautiful girls?）such beautiful girls。"so beautiful girls"也是以"girls"为中心语的名词词组，"girls"是首品词，"beautiful"是描述修饰语（Epithet 或者

modifier，m），是次品词，而"so"本身是副词，是三品词，是"beautiful"的修饰语，"so beautiful"是一个形容词词组。

第七，需要特别指出的是，我们这里讲的附加修饰语特指名词词组整体的修饰语。它不是中心语要求的，是对整个名词词组做补充说明。Kroeger（2005：87-88）认为，附加语（adjunct）是和修饰语（modifier）的内涵是一致的，也就是附加语不是中心语要求的。相反，和小句的补语（complement）比较而言，小句的补语是动词或者过程要求的，而名词词组的补语是中心语要求的。例如，"a student of physics"中的介词短语"of physics"是补语，因为它是"student"这个中心语要求的，这里的"student"不可以换成"boy，girl"等词。而"a student with long hair"中的介词短语"with long hair"则是附加语，因为它不是中心语要求的或者选择的，这里的"student"可以换成"boy，girl，teenage，punk"等词。

第八，以下四例中的斜体部分都是从属型的名词词组复合体。除了下划线的名词词组之外，全部是整个名词词组的附加修饰语，而不是名词词组中心语的修饰语，分别由副词和介词短语来充当。由于附加语和名词词组在名词词组复合体中的地位是不平等的，附加语是从属于名词词组的，因此附加语和名词词组一起构成从属型名词词组复合体。

（10-7）Tom, *normally a timid boy,* jumped into the river and saved the drowning girl.

（10-8）Dr. Helfand, *formerly director of our hospital,* wrote many books on medicine.

（10-9）Professor Grace, *at that time a college student,* wrote poems and stories for magazines and newspapers.

（10-10）Lucy, *in her youth a talent musician,* still gives concerts every now and then.

选自 章振邦（1995：645）

综上所述，判断名词词组和从属型名词词组复合体的依据在于考察一个语法单位修饰哪个成分：如果这个语法单位修饰名词词组中心语，是对中心语的描述，则这个语法单位是名词词组的内部成分，属于名词词组的内部结构；如果一个语法单位不是修饰名词词组中心语，而是修饰整个名词词组的，是对整个名词词组的描述，那么这个语法单位就是名词词组的附加语，和名词词组一起构成从属型名词词组复合体。

以上分析的是从属型英语名词词组复合体的问题。那么，汉语中的从属型名词词组复合体又是怎么样的呢？我们简单做一个分析。判断的标准依然是考察修饰语是修饰名词词组中心语还是修饰整个名词词组。如果修饰整个名词词组，则修饰语和名词词组一起构成从属型名词词组复合体。

下面三例中，画线部分是名词词组，而前两个例子中的"那时候"作为附加语修饰后面的名词词组"最好的我们"和"我们美丽的校园"。第三个例子中的"未来"修饰"美好的生活"。

（10-11）那时候最好的我们（一句歌词）
（10-12）那时候我们美丽的校园
（10-13）我们会一次次地想象未来美好的生活。

10.6　结语

本章对比分析了英汉名词词组横向组合而成的结构，即名词词组复合体。名词词组复合体是不同于名词词组的结构，是很重要的概念，它的引入有助于解释复杂的结构体现象。具体结论总结如下：（1）区分词组和词组复合体的一个重要依据是中心语，一个中心语对应一个名词词组，如果一个结构中出现多个中心语，则是词组复合体，这种类型的词组复合体属于并列型词组复合体；（2）区分词组复合体和词组的集合的关键在于语义上的连贯性和句法功能的一致性，而且这个原则可以应用到词组短语小句等语法单位。如果几个并列的词组具有语义上的连贯性和句法功能的一致性，则认为是词组复合体。相反，如果几个词组没有语义上的连贯性，则是几个词组的集合；（3）带有附加修饰语的名词词组属于名词词组复合体的类别，和普通的名词词组不同，和并列型的名词词组复合体也不同，属于从属型名词词组复合体；（4）判断名词词组和从属型名词词组复合体的主要依据是，考察修饰语是修饰整个名词词组还是修饰名词词组中心语。如果修饰语修饰整个名词词组，则为附加修饰语，整个结构为从属型名词词组复合体。名词词组的内部修饰语只修饰名词词组中心语；（5）"so beautiful a girl"和"such a beautiful girl"是从属型名词词组复合体，而不是名词词组。因为，前者的"so beautiful"修饰名词词组"a girl"而不是修饰中心语"girl"，而后者的"such"修饰名词词组"a beautiful girl"而不是修饰中心语"girl"。

第十一章 结 语

本书一共十一章，本章是对全书的总结。首先简要总结本书研究的问题，按照章节简要回顾解决的问题和提出的观点，然后分析通过研究得到的启示以及对未来相关的研究的展望，重点是名词词组的研究、词组的研究、系统功能句法研究以及英语和汉语的对比研究。

11.1 全书总结和概括

本书运用系统功能语言学作为理论框架，对英汉名词词组作对比研究，是在对英语名词词组系统功能语言学研究（李满亮 2013）基础上的进一步研究。希望本书的研究能为系统功能句法研究、英语和汉语的对比研究有所贡献。全书共十一章。如果把整本书看成是一个大的语篇的话，语篇的整体结构由三部分组成：引言部分（introductory part），主体部分（developmental part or body part），结语部分（concluding part）。总体来说，第一章为总的介绍和准备，第二章围绕语法范畴，第三、四、五章围绕名词词组的内部结构，从一般到特殊。第六章和第七章考察英汉名词词组的功能，包括句法功能和语篇功能。第八章和第九章是把句法和语义结合起来的分析，涉及英汉名词词组的歧义和不同类型的语法隐喻问题。第十章是名词词组的横向组合、名词词组复合体的问题。关于整体的结构安排，我们已经在第一章 1.8 节做了较详细的说明和阐述，不再赘述。这里我们按照章节的安排从以下几方面对全书研究、主要讨论的问题和可能的创新之处做评述。

第一，词组的研究属于对语言本体的研究，是属于语言三个层次（语义层次、词汇语法层次、音系层次）中的词汇语法层次，而词汇语法层是联系语义层和音系层的中间层次。就词组而言，是位于小句和词中间的一级语法单位，在级阶上是小句的直接成分之一，又是词的上级单位。虽然是词组的研究，但是和小句以及音系的关系也非常密切。而词组的重要类别之一，名词词组，在英语和汉语中都是非常重要的语法单位，从其内部结构、句法功能、语篇功能等方面来看，英汉名词词组都有很多相同之处、相似之处，也有很多不同之处。二者的对比研究对于进一步理清其复杂的内部结构，对于词组的研究、功能句法研究、英汉语对比研究都具有一定借鉴作用。这是本书选题的主要理论和实践意义之所在。这些内容主要在第一章进行了阐述。

　　第二，语法范畴，即语法单位、单位类别、单位结构、系统等，无论英语还是汉语在语法描述和语法研究中至关重要。英汉名词词组的语法范畴在许多方面都有相互借鉴之处。英语词组的分类一般根据中心语的性质和整体的句法功能进行，如名词词组、动词词组、形容词词组、副词词组就是根据其中心语的类别来确定，它们的中心语就是名词、动词、形容词和副词。汉语词组的分类除了和英语相同分类办法之外，还有一个分类法就是按照内部各个成分之间的结构关系进行分类，如偏正结构、联合结构、动宾结构、主谓结构等。这些术语虽然讲的是结构，但是也含有功能的思想。偏正结构中，本身就含有中心语和修饰语的概念，"正"显然是中心语，"偏"即为其修饰语，"偏"从属于"正"。联合结构表明结构中不止一个成分，而且几个成分的功能相同，处于同等地位。而动宾结构和主谓结构中的"动""宾""主""谓"本来就是功能标签。因此，这样的结构称为功能结构更为妥当。所以，我们在之后几章分析名词词组的结构时，也是分析其功能结构。结构离不开功能，功能更离不开结构，功能是结构中的功能，结构是功能的结构。

　　在句法分析的时候区分词组和短语是非常必要的，对于准确描述一个结构是非常关键的。词组属于偏正结构或者是向心结构，而短语总是有两部分组成，没有偏正关系，没有中心，是离心结构。汉语中讲的偏正结构包括名词词组，而动宾结构、主谓结构明显没有中心，至少由两部分组成。英语中介词短语的结构和汉语讲的动宾结构非常相似，在系统功能语言学中把介词短语看作缩小的小句，介词相当于次要动词（minor verb 或 mini-verb），体现过程。

级阶、直接成分、三品理论有本质上的相似性。级阶的上下级就是直接成分，越级就不是直接成分，成为间接成分。次品词直接修饰首品词，三品词直接修饰次品词，不直接修饰首品词。级阶概念的引入对于区分词和缩写形式更加明确，例如句法分析时遇到"he's"的时候，不可以分析成一个词。无论是"he is""he was"，还是"he has"中，"he"都是名词词组的中心语，而"was""is"和"has"属于动词词组的一部分，按照汉语的结构分，属于主谓结构，由两部分组成。

第三，从内部功能结构来看，英语名词词组的基本结构由前置修饰语、中心语和后置修饰语组成。而汉语名词词组的基本结构主要由前置修饰语和中心语组成，后置修饰语的情况较少。但是，汉语某些类别的前置修饰语，如数量修饰语的位置相对灵活，可以在中心语之前，也可以在中心语之后。即使是作为前置修饰语的数量修饰语也可以放在描述修饰语之前和之后。这一点和英语名词词组的区别较大。修饰语位置的不同，会影响词组的主题意义或者主位意义。

第四，名词词组非连续修饰语现象属于结构上的一种特殊现象，在英语名词词组和汉语名词词组都存在，而且结构非常相似。我们在分析非连续修饰语的时候，发现"for"在动词不定式非限定小句中的功能比较特殊，"for somebody to do something"结构中，"for"与并列连词（Linker）和从属连词（Binder）的功能不同，另外和介词的功能也不同。"for"在这个结构中不可以被别的连词和介词代替，而且也只能用在这样的结构中。因此，我们认为它的功能和不定式成分"to"相似，是不定式非限定小句中主语的成分。

修饰语在名词词组中的位置，包括连续修饰语和非连续修饰语的位置，都不会影响名词词组的概念意义，但是会影响名词词组的主位意义或者主题意义。严格讲，没有两个结构从任何角度看意义都完全相同。位置的变化或顺序的不同首先会导致主题意义不同、信息分布的不同以及强调的重点和突出的信息不同。主位意义虽然主要是指在小句中的信息分布，但是对于词组，尤其是复杂的名词词组也是如此。

第五，关于级转移修饰语，汉语名词词组和英语名词词组都存在。英语名词词组的级转移修饰语一般是后置修饰语，但是在非正式文体中，级转移的修饰语前置也比较普遍。尤其是词条之间加入连字符以后，几乎所有类别的小句、词组和短语都可以作为级转移修饰语。汉语名词词组的级转移修饰语类别也较多，而且基本都要前置。需要特别指出，词复合体是不同于词和词组的语法现象。词组和词的关系是纵向的组合，而词和词复合体是横向组合的关系。词复合体作为名词词组的修饰语也属于级转移的修饰语。

第六，名词词组是结构标签，可以填充许多功能空位。从小句层面看，英语名词词组可以充当除谓语之外的任何小句成分，而汉语名词词组可以充当所有的小句成分。这主要是指名词词组作为一个类别而言，不是针对任何一个具体的名词词组。从级阶中同级单位看，名词词组可以充当介词宾语/补语、名词词组、形容词词组和副词词组中心语的修饰语等成分。

第七，我们讲语篇的衔接手段一般要讲语法衔接手段和词汇衔接手段，照应、替代、省略、连接、词语复用、重复、搭配等。英语名词词组和汉语名词词组都和这些衔接手段有关。词语复用、搭配主要是以名词和名词词组为主。名词性照应、名词性替代、名词性省略都是围绕名词词组展开的。即使是连接，名词词组也可以起连接作用，这一点在汉语名词词组尤为明显。一个比较普遍认可的观点是：小句是以动词词组，即过程为核心，其他成分都是过程的参与者以及过程的环境成分。鉴于英汉名词词组在小句和语篇中的强大功能，我们认为，从信息传递和信息密集的角度看，英语和汉语的小句和语篇都是以名词词组为核心，其他语法单位都是把名词词组连接起来的手段，进而形成符合语法规则的小句和语义连贯的语篇。

第八，英语名词词组和汉语名词词组都可能会有歧义现象的存在，也就是说同一个表层结构可能会有两个或者几个深层语义结构。造成歧义的因素很多，有词汇因素、句法因素、音系因素、语义因素、语用因素等。这一点在英语名词词组和汉语名词词组有极大的相似性。根据造成歧义的这些因素的不同，消除歧义需要增加词语的修饰语和附加语、改变句法结构和句法成分的位置、改变重音和停顿、利用语境等手段。

　　第九，系统功能语言学中和句法和语义密切相关的一个重要概念就是语法隐喻。从意义入手，考察特定的意义是如何由不同的形式来体现的，更加接近外部世界事物和事件状态的形式是一致式，相反的形式则是隐喻式。英语名词词组和汉语名词词组都一样，在一致式中体现事物。如果名词词组不是体现事物，而是体现过程或者事件，就是名词词组作为经验语法隐喻，这一点英语的名物化是典型的代表。从这个角度讲，汉语中，汉语名词词组作为谓语是属于经验语法隐喻。但是，汉语名词词组做谓语也是常见的现象，仅仅从现代汉语使用的习惯来讲，名词词组做谓语在汉语中接近于语法隐喻，但是不如英语那么明确和典型。

　　从人际角度讲，名词词组不是用来体现事物而是作为情态评价，则是名词词组作为人际语法隐喻。此外，即使是描述事物的名词词组，也可以体现出感情色彩的差别，较为客观的描述为经验描述，较为主观的描述为人际描述，而经验描述更接近一致式，人际描述更接近隐喻式，属于名词词组作为人际语法隐喻。

　　从语篇角度讲，英语名词词组和汉语名词词组可以作为语篇连接的手段，而不是体现事物，这是名词词组作为语篇语法隐喻。此外，本该由众多的词组、短语和小句体现的意义全部集中在名词词组中，也是名词词组作为语篇语法隐喻的形式。上一段讲的名词词组作为人际语法隐喻和这里讲的作为语篇隐喻，英语名词词组和汉语名词词组都有体现。但是，名词词组作为人际语法隐喻和语篇语法隐喻在汉语名词词组更为明显。

　　第十，复合体概念的引入，对于语法单位的精密度研究是一个创新。就句法分析而言，词复合体、词组和短语复合体、小句复合体在解释语法结构体时都非常必要。我们在第十章分析英汉名词词组复合体的时候，重点以英语中"such a beautiful girl"和"so beautiful a girl"这两个结构为例进行分析，认为这两个结构属于从属型名词词组复合体。"such"和"so beautiful"分别是修饰整个名词词组"a beautiful girl"和"a girl"的，而不是修饰作为名词词组中心语"girl"的，因此不是名词词组的内部结构成分，而是外部成分，作为名词词组的附加语。附加语是从属于名词词组复合体的，因此整个结构是从属型名词词组复合体。判断一个语法单位是名词词组附加语还是名词词组内部成分的标准是，考察这个语法单位是修饰名词词组的中心语还是整个名词词组。关于这两个从属型名词词组复合体的分析，对汉语名词词组的分析和对汉语名词词组复合体的分析也有借鉴作用。

11.2　研究启示和未来研究展望

Halliday（1994/2000：F39）曾经讲过这么几句话："A language is inexhaustible and however many distinctions we introduced into our account, up to whatever degree of fineness or "delicacy", we would always be able to recognize some more。"大意是说：语言是不可穷尽的，无论发现多少不同的区别，也无论研究的精密度多高，程度多深，我们总会发现更多的问题。

事实上，科学研究永远是无穷尽的，因为知识是无穷的，探索未知世界永远在路上。平常人们说的，由于水平和时间有限只做了一部分，这也不一定是谦虚，而是事实。任何研究只是推动相关领域的研究，而不是终结，只是研究这个领域的一部分，也不可能穷尽地解决所有的问题。我们虽然做了英语名词词组之系统功能语言学研究（李满亮 2013），现在又做了英汉名词词组对比研究，但仅仅是研究了英汉名词词组的一部分，更不用说其他语法单位和语言现象。因此我们的研究，英语称为"a study"，而非"the study"或者"studies"。以上一节对全书所研究的内容和创新点做了一个回顾和总结。从辩证法的角度讲，任何研究在做出可能的创新和贡献的时候，会从研究中得到正反两方面的启发，进而对未来相关研究提出展望。本书的研究对系统功能句法研究、系统功能语言学研究、英汉语言对比研究、系统功能语言学本土化和地域化研究等方面未来研究的启示和展望如下：

第一，我们没有专门的章节对所有文献做一个总体的回顾，但是针对具体的研究问题做了文献回顾，所以关于文献的内容分散在具体的章节之中。对于理论框架也没有安排专门的一章，只在分析和讨论具体内容的时候对理论框架进行分别介绍和阐明。集中的好处在于在一章就能了解所有文献和理论框架的内容,分散的好处在于针对性更强,看似分散,但针对具体问题的文献综述却更集中。

第二,本书是做英语和汉语的对比研究,然而,由于汉语名词词组比英语名词词组更加复杂,所以在针对汉语名词词组的分析和讨论方面,只是按照先分析英语、然后去对号找汉语的例证这样的思路进行。因此,汉语的分析略显不足,未来汉语研究的空间更大。尤其是汉语名词词组的内部结构非常复杂,汉语名词词组可以容纳的信息比英语名词词组更大。我们在本文只是对和英语对照的结构进行了分析,汉语名词词组的其他结构没有涉及。

第三,对词组的研究是对语言本体的研究。本文虽然是英汉名词词组的对比研究,但是对英汉其他语法单位,其他结构,其他方面的研究都有或多或少的借鉴作用。而且,只研究一种语言很难找到创新点,比较和对比研究就会发现很多新的思路和新的问题,也可以对现有的问题重新思考。英汉语的对比研究对两种语言之间的互相翻译有着重要的意义。就英语名词词组和汉语名词词组而言,在二者对比研究的基础上,可以进一步探讨二者互译的问题。

第四,关于句法研究和语域以及语境结合的问题,我们在部分章节,如第七章中也简单选取了不同语域的语篇进行分析,但是只是稍微提及,没有深入分析。英汉名词词组在不同语域的语篇和不同语境中的体现一定是有区别的,这个是需要搞清楚的,也是具有现实意义的。

第五,系统功能语言学与社会学、人类学密切相关,因此系统功能语言学和文化语言学可以结合起来进行研究。例如,罗常培先生当年在西南地区就结合当地的特点,研究所在地区的语言与文化(罗常培 2011)。因此,运用系统功能语言学的理论,研究当地的语言(local languages),研究地理方言(geographical/regional dialects)、社会方言(social dialects),甚至个人方言(idiolects),既是优势,又是创新,符合学术的本真,又是系统功能语言学本土化研究的重要思路和方法(李满亮 2015)。例如,针对内蒙古自治区这一地区而言,既可以研究当地的少数民族语言,如蒙古语、达翰尔语、鄂温克语、鄂伦春语等,又可以研究汉语在内蒙古自治区东部和西部的方言,或者可以对这些当地少数民族语言，对少数民族语言和汉语，以及对汉语普通话和当地地理方言进行对比研究。丰富的方言为语言学的研究提供了丰富的语料，因此，方言的研究具有很大的发展空间，对于语言学理论的本土化也具有现实意义。

第六，生态语言学（ecolinguistics）是一个新兴的学科，其中一个研究模式就是"韩礼德模式"（Hallidayan Approach/Gogma）（参见黄国文、陈旸2017）。系统功能语言学视角下对生态语言学的研究是新的研究视角。在系统功能语言学的理论框架下，对生态语言的研究也可以和本地的语言和方言的研究结合。至少，我们可以先从生态语篇和生态语言中的英汉名词词组的句法研究开始。从生态语言学角度看，不同语篇中的名词词组一定有各自的特点。

参 考 文 献

[1] Alexander, L. G., 1988/1991.《朗文英语语法》(雷航等译).北京:外语教学与研究出版社.

[2] Aronoff, M. and J. R. Miller (eds.), 2003/2001. *The Handbook of Linguistics*. London: Blackwell. / Beijing: Foreign Language Teaching and Research Press.

[3] Baker, M. C., 2001, Syntax. In Aronoff, M. and J. R. Miller (eds.), *The Handbook of Linguistic*s. London: Blackwell. / Beijing: Foreign Language Teaching and Research Press.

[4] Baker, P. and Ellece, S., 2011/2016. *Key Terms in Discourse Analysis*. London: Bloomsbury. / Beijing: Foreign Language Teaching and Research Press.

[5] Baldick, C., 1990. *The Concise Oxford Dictionary of Literary Terms*. Oxford: Oxford University Press.

[6] Barry, A. K., 1998. *English Grammar: Language as Human Behavior*. New Jersey: Prentice.

[7] Berry, M., C. S. Butler, R. P. Fawcett and G. W. Huang (eds.), 1996. *Meaning and Form: Systemic Functional Interpretation. Meaning and Choice in Language: Studies for Michael Halliday*. Norwood, New Jersey: Ablex.

[8] Biber, D., S. Johansson, G. Leech, S. Conrad and E. Finegan, 1999/2000. *Longman Grammar of Spoken and Written English*. Harlow: Pearson. / Beijing: Foreign Language Teaching and Research Press.

[9] Bloomfield, L., 1933/2001. *Language*. London: Allen & Unwin. / Beijing: Foreign Language Teaching and Research Press.

[10] Bloomfield, 1980.《语言论》(袁家骅、赵世开、甘世福译). 北京：商务印书馆.

[11] Bloor, T. and M. Bloor, 1995/2001. *The Functional Analysis of English: A Hallidayan Approach* (1st edition). London: Arnold. / Beijing: Foreign Language Teaching and Research Press.

[12] Bloor, T. and M. Bloor, 2004. *The Functional Analysis of English: A Hallidayan Approach* (2nd edition). London: Arnold.

[13] Bloor, T. and M. Bloor, 2013. *The Functional Analysis of English: A Hallidayan Approach* (3rd edition). London and NewYork: Routledge.

[14] Bussmann, H. 1996/2000. *Routledge Dictionary of Language and Linguistics* (Translated and edited by Gregory P. Trauth and Kerstin Kazzazi). London: Routledge. / Beijing: Foreign Language Teaching and Research Press.

[15] Butler, C. S., 1985. *Systemic Linguistics: Theory and Applications.* London: Batsford.

[16] Carter, R. and M. McCarthy, 2006. *Cambridge Grammar of English.* Cambridge: Cambridge University Press.

[17] Chomsky, N. A., 1957. *Syntactic Structures.* The Hague: Mouton.

[18] Cook, V. and M. Newson, 1996/2000. *Chomsky's Universal Grammar: An Introduction.* Oxford: Blackwell. / Beijing: Foreign Language Teaching and Research Press.

[19] Crystal, D., 1997/2000. *The Cambridge Encyclopedia of Language* (2nd edition). Cambridge: Cambridge University Press. / Beijing: Foreign Language Teaching and Research Press.

[20] Crystal, D. 编 , 2000.《现代语言学词典（第四版）》(沈家煊译). 北京：商务印书馆.

[21] Eggins, S., 2004. *An Introduction to Systemic Functional Linguistics* (2nd edition). London: Continuum.

[22] Fawcett, R. P., 1973/1981. Generating a Sentence in Systemic Functional Grammar. University College London (mimeo). Reprinted in Halliday and Martin, 1981, 146-83.

[23] Fawcett, R. P., 1980. *Cognitive Linguistics and Social Interaction: Towards an Integrated Model of a Systemic Functional Grammar and the Other Components of a Communicating Mind.* Heidelberg: Julius Groos and Exeter University.

[24] Fawcett, R. P., 2000. *A Theory of Syntax for Systemic Functional Linguistics.* Amsterdam: Benjamins.

[25] Fawcett, R. P., 2006. Establishing the Grammar of "Typicity" in English: An Exercise in Scientific Inquiry. In G. W. Huang, C. G. Chang and F. Dai (eds.), *Functional Linguistics as Appliable Linguistics.* Guangzhou: Sun Yat-sen University Press, 159-262.

[26] Fawcett, R. P., 2007. Modelling "Selection" Between Referents in the English Nominal Group. In C. S. Butler, R. H. Downing and J. Lavid (eds.), *Functional Perspectives on Grammar and Discourse: In honor of Angela Downing.* Amsterdam: Benjamins, 165-204.

[27] Fawcett, R. P., 2008a. *Invitation to Systemic Functional Linguistics through the Cardiff Grammar: An Extension and Simplification of Halliday's Systemic Functional Grammar* (3rd edition). London: Equinox.

[28] Fawcett, R. P., 2008b. Invitation to Systemic Functional Linguistics. In G. W. Huang, W. He and C. Y. Liao (eds.), *An Introduction to Systemic Functional Grammar: The Cardiff Model.* Beijing: Peking University Press, 202-303.

[29] Fawcett, R. P., forthcoming, *Functional Syntax Handbook: Analyzing English at the Level of Form.* London: Equinox.

[30] Fontaine, L., 2013. *Analyzing English Grammar: A Systemic Functional Introduction.* Cambridge: Cambridge University Press.

[31] Fries, P. H., 2001. Issues of Structure and Interpretation in the English Nominal Group. In D. J. Villers and R. J. Stainton (eds.), *Communication in English.* Toronto: Éditions du Gref, 157-178.

[32] Fromkin, V., R. Rodman and N. Hyams, 2017. *An Introduction to Language* (10th edition). Shanghai: Shanghai Foreign Language Education Press.

[33] Gazdar, G., E. Klein, G. Pullum and I. Sag, 1985. *Generalized Phrase Structure Grammar.* Oxford: Blackwell.

[34] Halliday, M. A. K., 1961/2007. Categories of the Theory of Grammar. In M. A. K. Halliday, 2002/2007, *On Grammar.* London: Continuum. / Beijing: Peking University Press, 37-94.

[35] Halliday, M. A. K., 1967. *Some Aspects of the Thematic Organization of the English Clause.* Santa Monica: The RAND Corporation.

[36] Halliday, M. A. K., 1973. *Explorations in the Functions of Language.* London: Arnold.

[37] Halliday, M. A. K., 1978/2001. *Language as Social Semiotic: The Social Interpretation of Language and Meaning* (2nd edition). London: Arnold. / Beijing: Foreign Language Teaching and Research Press.

[38] Halliday, M. A. K., 1985. *An Introduction to Functional Grammar* (1st edition). London: Arnold.

[39] Halliday, M. A. K., 1994/2000. *An Introduction to Functional Grammar* (2nd edition). London: Arnold. / Beijing: Foreign Language Teaching and Research Press.

[40] Halliday, M. A. K., 2000. Preface by Halliday. In Halliday, M. A. K., 1994/2000. *An Introduction to Functional Grammar* (2nd edition). London: Arnold. / Beijing: Foreign Language Teaching and Research Press.

[41] Halliday, M. A. K., 2002/2007. *On Grammar.* London: Continuum. / Beijing: Peking University Press.

[42] Halliday, M. A. K., 2003/2007. *On Language and Linguistics* (Edited by J. Webster). London: Continuum. / Beijing: Peking University Press.

[43] Halliday, M. A. K., 2005a/2007. *Studies in English Language* (Edited by J. Webster). London: Continuum. / Beijing: Peking University Press.

[44] Halliday, M. A. K., 2005b/2007. *Studies in Chinese Language* (Edited by J. Webster). London: Continuum. / Beijing: Peking University Press.

[45] Halliday, M. A. K., 2007. *Language and Society* (Edited by J. Webster). London: Continuum. / Beijing: Peking University Press.

[46] Halliday, M. A. K. and W. S. Greaves 2008. *Intonation in the Grammar of English*. London: Equinox.

[47] Halliday, M. A. K. and R. Hasan, 1976/2001. *Cohesion in English*. London: Longman. / Beijing: Foreign Language Teaching and Research Press.

[48] Halliday, M. A. K. and R. Hasan, 1985/2012. *Language, Context, and Text: Aspects of Language in a Social-semeotic Perspective*. Oxford: Oxford University Press. / Beijing: World Publishing Corporation.

[49] Halliday, M. A. K. and J. R. Martin (eds.), 1981. *Readings in Systemic Linguistics*. London: Batsford.

[50] Halliday, M. A. K. and C. M. I. M. Matthiessen, 1999/2008. *Construing Experience through Meaning: A Language-based Approach to Cognition*. London: Continuum. / Beijing: World Publishing Corporation.

[51] Halliday, M. A. K. and C. M. I. M. Matthiessen, 2004/2008. *An Introduction to Functional Grammar* (3rd edition). London: Arnold. / Beijing: Foreign Language Teaching and Research Press.

[52] Halliday, M. A. K. and C. M. I. M. Matthiessen, 2014. *Halliday's Introduction to Functional Grammar* (4th edition). London: Routledge.

[53] Halliday, M. A. K. and C. Yallop, 2007/2008. *Lexicology: A Short Introduction*. London: Continuum. / Beijing: World Publishing Corporation.

[54] Hartmann, R. R. K. and Stork F. C. 著, 1972/1981.《语言与语言学词典》(黄长著, 林书武, 卫志强, 周绍珩译). London: Applied Science Publishers LTD. / 上海: 上海辞书出版社.

[55] He, W.(何伟), 2008, *English Tense in Discourse*. Beijing: Peking University Press.

[56] He W., J. Y. Zhang, J. Zhang and P. P. Jia (何伟、张敬源、张娇, 贾培培), 2015. *Functional Syntactic Analysis of English*. Beijing: Foreign Language Teaching and Research Press.

[57] Hu, Z. L.(胡壮麟), 2000b, The Role of Process and Nominalization in Grammatical Metaphor. In Huang, G. W. and Z. Y. Wang (eds.), 2000.

Discourse and Language Functions. Beijing: Foreign Language Teaching and Research Press, 26-33.

[58] Hu, Z. L.（胡壮麟主编）, 2001. *Linguistics: A Course Book* (2nd edition). Beijing: Peking University Press.

[59] Hu, Z. L.（胡壮麟主编）, 2011. *Linguistics: A Course Book* (4th edition). Beijing: Peking University Press.

[60] Hu, Z. L.（胡壮麟主编）, 2017. *Linguistics: A Course Book* (5th edition). Beijing: Peking University Press.

[61] Hu, Z. L. and W. Q. Jiang（胡壮麟、姜望琪主编）, 2002. *Linguistics: An Advanced Course Book*. Beijing: Peking University Press.

[62] Huang, G. W.（黄国文）, 2000c. Cleft Sentences as Grammatical Metaphors. In G. W. Huang, and Z. Y. Wang (eds.), *Discourse and Language Functions*. Beijing: Foreign Language Teaching and Research Press, 34-41.

[63] Huang, G. W.（黄国文）, 2002a, Hallidayan Linguistics in China. *World Englishes*, Vol. 21, No. 2, pp. 281-290.

[64] Huang, G. W.（黄国文）, 2003. *Enhanced Theme in English: Its Structures and Functions*. Taiyuan: Shanxi Education Press.

[65] Huang, G. W., C. G. Chang and F. Dai (eds.)（黄国文、常晨光、戴凡编）, 2006. *Functional Linguistics as Appliable Linguistics*. Guangzhou: Sun Yat-sen University Press.

[66] Huang, G. W. and M. Ghadessy（黄国文、葛达西）, 2008. *How to Write a Dissertation in English*. Beijing: Higher Education Press.

[67] Huddleston, R., 1976. *An Introduction to English Transformational Syntax*. London: Longman.

[68] Huddleston, R., 1984. *Introduction to the Grammar of English*. Cambridge: Cambridge University Press.

[69] Huddleston, R. and G. K. Pullum, 2002. *The Cambridge Grammar of the English Language*. Cambridge: Cambridge University Press.

[70] Huddleston, R. and G. K. Pullum, 2005/2008. *A Student's Introduction to English Grammar*. Cambridge: Cambridge University Press. / Beijing: Foreign Language Teaching and Research Press.

[71] Jackson, H., 1980. *Analyzing English — An Introduction to Descriptive Linguistics.* Oxford: Pergamon.

[72] Jackson, H., 2007/2016. *Key Terms in Linguistics*(《语言学核心术语》). London: Bloomsbury. / Beijing: Foreign Language Teaching and Research Press.

[73] Jespersen, O., 1924/2008. *The Philosophy of Grammar.* London: Allen and Unwin. / Beijing: World Publishing Corporation.

[74] Jespersen, O., 1933. *Essentials of English Language.* London: George Allen & Unwin Ltd.

[75] Kroeger, P. R., 2005. *Analyzing Grammar: An Introduction.* Cambridge: Cambridge University Press.

[76] Leech, G. and J. Svartvik, 1994. *A Communicative Grammar of English.* London: Longman.

[77] Li, E. S., 2007. *A Systemic Functional Grammar of Chinese.* London: Continuum.

[78] Li，M. L.（李满亮）, 2013. *A Systemic Functional Study of the English Nominal Group.* Hohhot: Inner Mongolia University Press.

[79] Li, M. L.（李满亮）, 2015, Teaching and Research of Systemic Functional Linguistics in a Regional Context. *English Language Teaching*,（5）189-194.

[80] Liu，C. Y.（刘承宇）, 2008. *A Functional-cognitive Stylistic Approach to Grammatical Metaphor: A Case Study of English Metalinguistic Texts.* Xiamen: Xiamen University Press.

[81] *Longman Dictionary of Contemporary English.* 2003. London: Longman.

[82] Lu, Z.（卢植编著）, 2011. *Introducing Applied Linguistics.* Beijing: Higher Education Press.

[83] Martin, J. R., 1992/2004. *English Text: System and Structure.* Amsterdam: Benjamins. / Beijing: Peking University Press.

[84] Martin, J. R., 2013. *Systemic Functional Grammar: A Next Step into the Theory —Axial Relations.* Beijing: Higher Education Press.

[85] Martin, J. R., C. M. I. M. Matthiessen and C. Painter, 2010. *Deploying Functional Grammar.* Beijing: The Commercial Press.

[86] Matthews, P. H., 1997/2000. *Oxford Concise Dictionary of Linguistics*. Oxford: Oxford University Press. / Shanghai: Shanghai Foreign Language Education Press.

[87] Matthiessen, C. M. I. M. and M. A. K. Halliday, 2009. *Systemic Functional Grammar: A First Step into the Theory*. Beijing: Higher Education Press.

[88] Matthiessen, C. M. I. M, K. Teruya and M. Lam, 2010/2016. *Key Terms in Systemic Functional Linguistics*. London: Bloomsbury. / Beijing: Foreign Language Teaching and Research Press.

[89] McDonough, J. and S. McDonough, 1997/2000. *Research Methods for English Language Teachers*. London: Arnold. / Beijing: Foreign Language Teaching and Research Press.

[90] Morley, G. D., 2000. *Syntax in Functional Grammar: An Introduction to Lexicogrammar in Systemic Linguistics*. London: Continuum.

[91] Morley, G. D., 2004/2010. *Explorations in Functional Syntax: A New Framework for Lexicogrammatical Analysis*. London: Equinox. / Beijing: World Publishing Corporation.

[92] Ouhalla, J., 1999/2001. *Introducing Transformational Grammar: From Principles and Parameters to Minimalism* (2nd edition). London: Arnold. / Beijing: Foreign Language Teaching and Research Press.

[93] Prakasam, V., 1996. "NGP of NGP" Constructions: A Functional-Structural Study. In M. Berry, C. S. Butler, R. P. Fawcett and G. W. Huang (eds.). *Meaning and Form: Systemic Functional Interpretation. Meaning and Choice in Language: Studies for Michael Halliday*. Norwood, New Jersey: Ablex, 567-583.

[94] Quirk, R., S. Greenbaum, G. Leech and J. Svartvik, 1972. *A Grammar of Contemporary English*. London: Longman.

[95] Quirk, R., S. Greenbaum, G. Leech and J. Svartvik, 1985. *A Comprehensive Grammar of the English Language*. London: Longman.

[96] Quirk 等著, 苏州大学翻译组译, 1998.《英语语法大全》. 上海：华东师范大学出版社.

[97] Radford, A., 1988/2000. *Transformational Grammar: A First Course.* Cambridge: Cambridge University Press. / Beijing: Foreign Language Teaching and Research Press.

[98] Richards, J. C., J. Platt and H. Platt, 1992/2000. *Longman Dictionary of Language Teaching and Applied Linguistics.* London: Longman. / Beijing: Foreign Language Teaching and Research Press.

[99] Robins, R. H., 1989/2000. *General Linguistics* (4th edition). London: Longman. / Beijing: Foreign Language Teaching and Research Press.

[100] Saussure, F. De., 1959. *Course in General Linguistics.* London: Owen.

[101] Schiffrin, D., D, Tannen and H. E. Hamilton (eds.), 2001. *The Handbook of Discourse Analysis.* Oxford: Blackwell.

[102] Schiffrin, D., D. Tannen and H. E. Hamilton, 2001. Introduction. In D. Schiffrin, D, Tannen and H. E. Hamilton (eds.), *The Handbook of Discourse Analysis.* Oxford: Blackwell.

[103] Sinclair, J. *et al.* (eds.), 1990. *Collins COBUILD English Grammar.* London: Collins.

[104] Sinclair, J., 1991. *Collins COBUILD English Language Dictionary.* New Delhi: Harper Collins India.

[105] Sinclair, J. 编, 2008.《英语语法大全》(任绍曾等译). 北京：商务印书馆.

[106] Thompson, G., 1996/2000. *Introducing Functional Grammar* (1st edition). London: Arnold. / Beijing: Foreign Language Teaching and Research Press.

[107] Thompson, G., 2004/2008. *Introducing Functional Grammar* (2nd edition). London: Arnold. / Beijing: Foreign Language Teaching and Research Press.

[108] Thompson, G., 2014. *Introducing Functional Grammar* (3rd edition). London and NewYork: Routledge.

[109] Tucker, G. H., 1998. *The Lexicogrammar of Adjectives: A Systemic Functional Approach to Lexis.* London: Cassell.

[110] Ungerer, F. and H. J. Schmid, 2006/2008. *An Introduction to Cognitive Linguistics.* Harlow: Pearson. / Beijing: Foreign Language Teaching and Research Press.

[111] Wen, Q. F. and R. Q. Heng（文秋芳,衡仁权编著）, 2011. *An Introduction to Linguistics*. Beijing: Higher Education Press.

[112] Widdowson, H. G., 1996/2000. *Linguistics*. Oxford: Oxford University Press. / Shanghai: Shanghai Foreign Language Education Press.

[113] Widdowson, H. G., 1978. *Teaching Language as Communication*. Oxford: Oxford University Press.

[114] Yang, B. J.（杨炳钧）, 2003. *A Study of Non-finite Clauses in English: A Systemic Functional Approach*. Beijing: Foreign Language Teaching and Research Press.

[115] Yang, X. Z. (ed.)（杨信彰）, 2005. *An Introduction to Linguistics*. Beijing: Higher Education Press.

[116] Zeng, L.（曾蕾）, 2006, *A Functional Interpretation of "Projection"*. Guangzhou: Sun Yat-sen University Press.

[117] Zhang, G. C. and M. L. Li（张贵超、李满亮）, 2017, A Contrastive Study of Word Sequence of English and Chinese Nominal Groups: A Systemic Functional Approach. *English Language and Literature Studies*, (3) 53-65.

[118] Zhang, W. W. and M. L. Li（张薇薇、李满亮）, 2017a, A Functional Study of Lexical Conversion within Modern Chinese Nominal Group. *International Journal of English Linguistics*, (6) 138-147.

[119] Zhang, W. W. and M. L. Li（张薇薇、李满亮）, 2017b, A Functional Study of zhi 之 in the Chinese Nominal Group. *English Language Teaching*, (11) 173-182.

[120] Zhu C. G. and Y. Gao（朱春耕、高燕）, 2013. *A Chinese Grammar for English Speakers*. Beijing: Peking University Press.

[121] 戴凡、吕黛蓉主编, 2012,《功能文体理论研究》。北京：外语教学与研究出版社。

[122] 丁言仁, 2000,《语篇分析》。南京：南京师范大学出版社。

[123] 高名凯, 1986,《汉语语法论》。北京：商务印书馆。

[124] 何伟、高生文主编, 2011,《功能句法研究》。北京：外语教学与研究出版社。

[125] 何伟、高生文、贾培培、张娇、邱靖娜，2015，《汉语功能句法分析》。北京：外语教学与研究出版社。

[126] 何伟、彭漪，2008，加的夫语法对悉尼语法的扩展阐释。载黄国文等编，《系统功能语法入门：加的夫模式》。北京：北京大学出版社，70-85。

[127] 何伟、张敬源，2008，加的夫语法对悉尼语法的简化评述。载黄国文等编，《系统功能语法入门：加的夫模式》。北京：北京大学出版社，56-69。

[128] 何伟、张瑞杰等，2016a，《英语功能语义分析》。北京：外语教学与研究出版社。

[129] 何伟、张瑞杰等，2016b，《汉语功能语义分析》。北京：外语教学与研究出版社。

[130] 胡曙中，2005，《英语语篇语言学研究》。上海：上海外语教育出版社。

[131] 胡裕树主编，2011，《现代汉语》（第 7 版）。上海：上海教育出版社。

[132] 胡裕树、张斌，2002，《二十世纪现代汉语语法"八大家"胡裕树、张斌选集》（范开泰编）。长春：东北师范大学出版社。

[133] 胡壮麟，1994，《语篇的衔接与连贯》。上海：上海外语教育出版社。

[134] 胡壮麟，1997，语言·认知·隐喻，载黄国文、张文浩主编，1997，《语文研究群言集》。广州：中山大学出版社，126-140。

[135] 胡壮麟，2000a，导读。载 Halliday, M. A. K. 1994/2000. *An Introduction to Functional Grammar* (2nd edition), London: Arnold. / Beijing: Foreign Language Teaching and Research Press，F13-F33.

[136] 胡壮麟，2002，评语法隐喻的韩礼德模式。载黄国文主编，2002b，《语言·语言功能·语言教学》。广州：中山大学出版社，88-105。

[137] 胡壮麟，2008，导读。载 Halliday, M. A. K. and C. M. I. M. Matthiessen, 2004/2008. *An Introduction to Functional Grammar* (3rd edition), London: Arnold. / Beijing: Foreign Language Teaching and Research Press, vii-xxi.

[138] 胡壮麟，2015，《语言·符号·教育：胡壮麟教授新世纪论文集》。北京：商务印书馆。

[139] 胡壮麟、朱永生、张德禄、李战子，2005，《系统功能语言学概论》。北京：北京大学出版社。

[140] 黄国文，1988，《语篇分析概要》。长沙：湖南教育出版社。

[141] 黄国文，1999，《英语语言问题研究》。广州：中山大学出版社。

[142] 黄国文，2000a，系统功能语言学在中国 20 年回顾，《外语与外语教学》，（5）50-53。

[143] 黄国文，2000b，英语动词词组复合体的功能语法分析。《现代外语》（3），221–236。

[144] 黄国文，2001a，《语篇分析的理论与实践：广告语篇研究》。上海：上海外语教育出版社。

[145] 黄国文，2001b，英语比较结构的功能句法分析。载董燕萍、王初明编《中国的语言学研究与应用》，上海：上海外语教育出版社。

[146] 黄国文，2001c. 导读。载 Bloor T. and M. Bloor, 1995/2001. *The Functional Analysis of English: A Hallidayan Approach*. London: Arnold. / Beijing: Foreign Language Teaching and Research Press, F25-F37.

[147] 黄国文主编，2002b，《语言·语言功能·语言教学》。广州：中山大学出版社。

[148] 黄国文，2006，作为适用语言学的系统功能语言学，《英语研究（"语篇分析研究"专辑）》（4）1-6。

[149] 黄国文，2007a，作为普通语言学的系统功能语言学，《中国外语》（5）14-19。

[150] 黄国文，2007b，个别语言学研究与研究创新，《外语学刊》（1）35-39。

[151] 黄国文，2007c，系统功能句法分析的目的和原则，《外语学刊》（3）39-45。

[152] 黄国文，2008a. 从系统功能语法到加的夫语法。载黄国文、何伟、廖楚燕编，2008，《系统功能语法入门：加的夫模式》。北京：北京大学出版社，2-19。

[153] 黄国文，2008b，加的夫语法：系统功能语言学的一个组成部分。载黄国文、何伟、廖楚燕编，2008，《系统功能语法入门：加的夫模式》。北京：北京大学出版社，20-42。

[154] 黄国文，2009a，英语"介词＋ing"结构的功能语法分析，《外语教学与研究》（4）243-249。

[155] 黄国文，2009b，语法隐喻在翻译研究中的应用，《中国翻译》（1）5-9。

[156] 黄国文、常晨光、廖海青，2013，从实践到理论，从教学到科研，载黄国文、常晨光、廖海青主编，《系统功能语言学研究群言集》。北京：高等教育出版社，1-6。

[157] 黄国文、陈旸，2017，作为新兴学科的生态语言学，《中国外语》（5）38－46。

[158] 黄国文、冯捷蕴，2002，加的夫语法简介。载黄国文主编，2002b，《语篇，语言功能与语言教学》。广州：中山大学出版社。

[159] 黄国文、葛达西（Ghadessy，Mohsen），2006，《功能语篇分析》。上海：上海外语教育出版社。

[160] 黄国文、何伟、廖楚燕等主编，2008，《系统功能语法入门：加的夫模式》。北京：北京大学出版社。

[161] 黄国文、赵蕊华，2021，《功能话语研究新发展》。北京：清华大学出版社。

[162] 梁晓波，2011，《战争话语的概念隐喻研究》。开封：河南大学出版社。

[163] 蓝纯，2016，导读，载 Jackson, H., 2007/2016. *Key Terms in Linguistics*（《语言学核心术语》）. London: Bloomsbury. / Beijing: Foreign Language Teaching and Research Press, ix-xxi.

[164] 劳允栋编，2004，《英汉语言学词典》。北京：商务印书馆。

[165] 黎锦熙，2001，《二十世纪现代汉语语法"八大家"黎锦熙选集》（黎泽瑜，刘庆俄编）。长春：东北师范大学出版社。

[166] 李德津、程美珍，2008，《外国人实用汉语语法》。北京：华语教学出版社。

[167] 李满亮，2009a，悉尼语法和加的夫语法对英语名词词组研究的比较，《北京科技大学学报》（1）112－119。

[168] 李满亮，2009b，加的夫语法中的挑选概念再思考，《内蒙古大学学报》（2）127-132。

[169] 李满亮，2019，英语名词词组复合体逻辑依赖关系之系统功能分析，《山东外语教学》（2）25-35。

[170] 李满亮、杜红原，2010，英语中词组与短语教学的几个问题，《内蒙古师范大学学报（教育科学版）》（3）93-96。

[171] 李悦娥、范宏雅，2002，《话语分析》。上海：上海外语教育出版社。

[172] 刘月华、潘文娱、故韡，2007，《实用现代汉语语法》。北京：商务印书馆。

[173] 陆俭明，2001，《二十世纪现代汉语语法"八大家"陆俭明选集》（沈阳编）。长春：东北师范大学出版社。

[174] 陆俭明，2005，《现代汉语语法研究教程》。北京：北京大学出版社。

[175] 罗常培，2011，《语言与文化》（第 2 版）。北京：北京出版社。

[176] 吕叔湘，1979，《汉语语法分析问题》。北京：商务印书馆。

[177] 吕叔湘，1999，漫谈语法研究。载吕叔湘等著，马庆株编，1999，《语法研究入门》。北京：商务印书馆，2-12。

[178] 吕叔湘，2002，《二十世纪现代汉语语法"八大家"吕叔湘选集》（黄国营编）。长春：东北师范大学出版社。

[179] 吕叔湘等著，马庆株编，1999，《语法研究入门》。北京：商务印书馆。

[180] 马建忠，1983，《马氏文通》。北京：商务印书馆。

[181] 马庆株，1999，词组的研究。载吕叔湘等著，马庆株编，1999，《语法研究入门》。北京：商务印书馆，459-471。

[182] 彭宣维，2011，《语言与语言学概论：汉语系统功能语法》。北京：北京大学出版社。

[183] 彭宣维、程晓堂总主编，孙迎晖、程晓堂主编，2016，《中国功能语言学学位论文摘要汇编：汉、英》。北京：高等教育出版社。

[184] 彭宣维、程晓堂总主编，田贵森主编，2016，《中国功能语言学研究论文摘要汇编：1997-2007》。北京：高等教育出版社。

[185] 彭漪、柴同文主编，2010，《功能语篇分析研究》。北京：外语教学与研究出版社。

[186] 王力，2002，《二十世纪现代汉语语法"八大家"王力选集》（郭锡良编）。长春：东北师范大学出版社。

[187] 王宗炎、许国璋，1987，序。见胡壮麟，刘润清，李延福主编，1988，《语言学教程》，北京：北京大学出版社。

[188] 魏志成，2010，《英汉语比较导论》（第 2 版）。上海：上海外语教育出版社。

[189] 卫志强主编，2015，《马克思恩格斯列宁斯大林论语言》。北京：中国社会科学出版社。

[190] 文旭，2014，《语言的认知基础》。北京：科学出版社。

[191] 吴持哲，1995，《英语与法语的相互影响》。呼和浩特：内蒙古大学出版社。

[192] 萧立明，2010，《英汉比较研究与翻译》（第 2 版）。上海：上海外语教育出版社。

[193] 邢福义，2001，《二十世纪现代汉语语法"八大家"邢福义选集》（萧国政编）。长春：东北师范大学出版社。

[194] 邢公畹，1987，再版序言。载罗常培，2011，《语言与文化》。北京：北京出版社，pp. 6-11。

[195] 许余龙，2001，《对比语言学》。上海：上海外语教育出版社。

[196] 许余龙，2010，《对比语言学》（第 2 版）。上海：上海外语教育出版社。

[197] 张斌主编，2010，《现代汉语描写语法》。北京：商务印书馆。

[198] 张道真，2002a，《张道真英语语法》。北京：商务印书馆。

[199] 张道真，2002b，《张道真实用英语语法》。北京：外语教学与研究出版社。

[200] 张道真，2008，《英语语法大全》。北京：首都师范大学出版社。

[201] 张德禄，2005，《语言的功能与文体》。北京：高等教育出版社。

[202] 张德禄，2006，系统功能语言学在中国的发展。《中国外语》，（2）13-17。

[203] 张红燕、李满亮，2017，分类度量短语作为修饰语的汉语名词词组之系统功能语言学分析，《北京科技大学学报》（社会科学版）（6）40-44。

[204] 张克礼，2005，《新英语语法》（第二版）。北京：高等教育出版社。

[205] 张培基、喻云根、李宗杰、彭谟禹编，1980，《英汉翻译教程》。上海：上海外语教育出版社。

[206] 张志公，1981，谈汉语的语素，《语言教学与研究》第 4 期。

[207] 章振邦，1995，《新编英语语法教程》（第 2 版）。上海：上海外语教育出版社。

[208] 章振邦，2003，《新编英语语法教程》（第 4 版）。上海：上海外语教育出版社。

[209] 章振邦，2013，《新编英语语法教程》（第 5 版）。上海：上海外语教育出版社。

[210] 赵元任，1979，《汉语口语语法》（吕叔湘译）。北京：商务印书馆。

[211] 赵元任，1980，《语言问题》。北京：商务印书馆。

[212] 赵元任，2002，《赵元任语言学论文集》。北京：商务印书馆。

[213] 朱德熙，1961，说"的"，《中国语文》（第 12 期）。

[214] 朱德熙，1982，《语法讲义》。北京：商务印书馆。

[215] 朱德熙，1993，朱德熙先生论语法研究，载吕叔湘等著，马庆株编，1999，《语法研究入门》。北京：商务印书馆，28-64。

[216] 朱德熙，2001，《二十世纪现代汉语语法"八大家"朱德熙选集》（袁毓林编）。长春：东北师范大学出版社。

[217] 朱永生、严世清，2001，《系统功能语言学多维思考》。上海：上海外语教育出版社。

[218] 朱永生、严世清、苗兴伟，2004，《功能语言学导论》。上海：上海外语教育出版社。

[219] 《现代汉语词典》（第 7 版），2016，北京：商务印书馆。

[220] 《新华词典》（第 4 版），2013，北京：商务印书馆。

[221] Net 1：http://iresearch.unipus.cn/ 主编访谈 | 专访《中国外语》主编黄国文教授，原创 2016-09-12 iResearch 外语学术科研网）。

[222] Net 2：https://baike.baidu.com/item/ 方便 /33057。

部分语料来源文献

[1] Snow, E., 2005. *Red Star over China* (《西行漫记》，董乐山译). Beijing: Foreign Language Teaching and Research Press.

[2] 陈福田编，罗选民等译，2017，《西南联大英文课》。北京：中译出版社。

[3] 唐弢主编，1979，《中国现代文学史》（一）。北京：人民文学出版社。

[4] 单田芳，2013，《大唐惊雷》。北京：中国工人出版社。

[5] 单田芳，2014，《隋唐演义》（上下册）。北京：中国工人出版社。

[6] 单田芳，2017，《白眉大侠》。北京：中国工人出版社。

[7] 叶朗，朱良志，2016，《中国文化读本》（第2版）。北京：外语教学与研究出版社。

后　记

　　本书是我主持的国家社科基金项目"系统功能语言学视角下英汉名词词组对比研究"主要研究成果之一。本项目从申报到顺利完成，要感谢许多师长、同事、朋友、课题组成员以及家人的帮助。

　　首先，要特别感谢我的导师黄国文教授。对于研究论文或者科研项目，选题是第一步是非常重要的环节。我攻读博士学位期间研究英语名词词组，就是在黄老师的指导下确定的。2007年至2010年，在中山大学攻读英语语言文学博士学位期间，黄老师曾一度鼓励我做英汉名词词组的对比研究，甚至鼓励我用和内蒙古草原有关的小说《狼图腾》中英文版作为研究语料。在黄老师的精心安排下，我也曾经多次和英国加的夫大学荣休教授Robin P. Fawcett教授当面交流过研究英汉名词词组，而且主要使用加的夫语法（the Cardiff Grammar）作为研究的主要理论框架。然而，在查阅文献之后，我觉得汉语尽管是母语，会使用，但是从语法研究的角度来看，我实际上对英语语法更加熟悉。汉语会讲会用，可是很多语法问题不一定能讲得清楚，尤其是作为学位论文的研究，仅仅能讲清楚也是不够的。由于当时一心想尽快完成博士学位论文，以后再进一步深入研究相关的更为复杂的问题。因此当时和黄老师商量并征得老师同意，博士期间只研究英语名词词组。2013年，由内蒙古大学出版社出版了专著《英语名词词组之系统功能语言学研究》。博士毕业以后，我计划申请国家社科基金项目，于是就想到了当年这个选题，并且开始查阅相关资料和文献，尤其是汉语语法方面的。因此，能获得这个国家课题也得益于当年黄老师的指导。没有黄老师的指导，就没有我在学术上的成长，也不会第一次申报就成功获批国家社科基金项目。博士毕业以后，黄老师一直在关心和支持我的学术研究和我在内蒙古大学的工作。在黄老师的指导和帮助下，内蒙古大学外国语学院在 2012 年 6 月 15 至 18 日承办了自 1978 年成立以来第一次全国层面的语言学学术会议 "第 13 届全国语篇分析研讨会"。我在博士毕业后，在内蒙古大学以及在内蒙古自治区，在系统功能语言学方面也做了一些具体工作。算上 2023 这一届，我指导的 43 名硕士研究生撰写过和系统功能语言学有关的学位论文。2013届外国语言学及应用语言学研究生张薇薇撰写的硕士学位论文 "英语主要动词延长成分之系统功能语言学研究" 是内蒙古大学外国语学院第一篇用加的夫语法作为理论框架撰写的硕士学位论文，被评为当年校级优秀硕士论文。我们完成的国家社科基金项目以及本书也是这些工作的一部分。

本书写作过程中，用到加的夫语法（the Cardiff Grammar）和悉尼语法（the Sydney Grammar）。对于这两种模式，一般认为是系统功能语法的两种方言（dialect）或者两种语域（register）。对于这一点，本书不做严格区分和争论，我们认为，加的夫语法和悉尼语法都是系统功能语言学，这一点是没有争议的。系统功能语言学是适用语言学（appliable linguistics），能够解决实际问题，这一点也适用于句法研究和语言对比研究。所以，我们取其适用性，针对具体的问题，哪个更适用和更有利于分析和解释具体的句法结构，我们就用哪一个。用任何一个模式都是功能句法研究的范畴。例如，加的夫语法在研究和描述英语名词词组的时候，有挑选语（selector），用于描述像名词词组 "five of those books" 中 "of" 的功能，甚至把 "a number of" 中每个成分做了精密度分析和描述，这在悉尼语法中是没有的。毕竟，作为挑选语的 of，其句法功能和作为介词的 of 的句法功能是不同的。如果把所有的 of 都作为介词分析似乎不能对不同的功能结构进行精密度分析和解释。然而，加的夫语法没有语法单位复合体（complex）的概念。拿名词词组来说，只讲词组不讲词组复合体就不能更好地对几个词组组合在一起的结构做精密度描述和分析。因此我们专门用一章来分析英汉名词词组复合体。和名词词组不同的是，名词词组中修饰语描述的是中心语，而名词词组复合体中修饰语描述的是整个名词词组。

2016 年以来，在黄老师的引领下，我也开始关注生态语言学

（ecolinguistics），并且及时把功能语言学和生态语言学融合用于硕士研究生的人才培养。上文提及的 43 位硕士研究生中，有 4 人用系统功能语言学作为理论框架研究生态语言学和做生态话语分析。其中，2021 届外国语言学及应用语言学研究生田颖的硕士学位论文"人际功能视域下《狼图腾》的生态话语分析"被评为 2021 届内蒙古自治区优秀硕士论文，这是内蒙古大学外国语学院第一篇自治区级优秀硕士论文。2022 年 8 月 20 至 21 日，距离"第 13 届全国语篇分析研讨会"10 年以后，内蒙古大学外国语学院在黄老师的指导和帮助下再次承办了全国层面的语言学研讨会——"第 7 届全国生态语言学研讨会"。由于疫情的原因，会议以线上方式召开，来自全国百余所院校的 400 余位学者和硕博研究生参加了此次会议。外国语学院很多师生也参加了研讨会，和全国的学者进行学术交流。从文献上看，生态话语分析以及话语生态分析略有不同，或者是分析和生态有关的话语（analysis of discourse in relation to ecology），或者是对任何话语从生态角度分析（ecological analysis of discourse），不限于和生态有关的话语。话语分析又离不开句法分析，句法分析是话语分析的一部分。那么，从生态角度分析英语名词词组或者英汉名词词组，从生态角度研究名词词组的翻译是否可行，如何操作，会得出什么样的结论，这些是我下一步要思考和研究的课题。

感谢中山大学和内蒙古大学的培养。特别感谢黄老师指导的其他博士对我在学术上的鼓励和支持。感谢内蒙古大学外国语学院的各位同事多年来对我的帮助和支持。特别感谢胡树、荣兰生、贾浩泉、李玲君、李卡宁、查干、巴根、宋敏、王松涛等各位老领导和老师对我在学术和工作上的鼓励和关爱。先后和我一起工作的李鹏、段满福、李传进、张宇晨、于卫红、八格、刘瑾玉、李国珍、周砚舒、赵澍、王建军、魏莉、郑海翠、温军、邢晓宇、刘艳春、王继军等各位领导和老师对我工作和研究也给予了大力支持。内蒙古大学文学与新闻传播学院李树新教授和魏永贵教授对我的研究也做过很多有益指导，课题组成员张薇薇、张贵超和张红燕也做了许多具体研究工作，在此一并表示感谢！

感谢外语教学与研究出版社对本书出版的大力支持。特别要感谢孔乃卓老师、李渊老师和李婉婧老师以及所有参与编辑审校的各位老师对本书出版所做的 耐心细致的工作。

　　鉴于系统功能语言学理论的博大精深以及英汉名词词组和语言对比的复杂性，本书只是粗浅研究了其中很小一部分，不足之处，恳请批评指正。